万年 千年 百年

三大历史文化遗产世界价值

廖国良◎著

人民出版社

策划编辑：张振明

责任编辑：刘志江 吴广庆

封面设计：王欢欢

版式设计：芳菲设计中心／熊琴芳

图书在版编目（CIP）数据

万年 千年 百年：三大历史文化遗产世界价值／廖国良 著 . — 北京：
人民出版社，2023.7

ISBN 978－7－01－025496－8

I.①万… II.①廖… III.①文化遗产－介绍－中国 IV.① K203

中国国家版本馆 CIP 数据核字（2023）第 044244 号

万年 千年 百年：三大历史文化遗产世界价值

WANNIAN QIANNIAN BAINIAN SANDA LISHI WENHUA YICHAN SHIJIE JIAZHI

廖国良 著

人民出版社 出版发行

（100706 北京市东城区隆福寺街 99 号）

中煤（北京）印务有限公司印刷 新华书店经销

2023 年 7 月第 1 版 2023 年 7 月北京第 1 次印刷

开本：710 毫米 × 1000 毫米 1/16 印张：12.5

字数：115 千字

ISBN 978－7－01－025496－8 定价：66.00 元

邮购地址 100706 北京市东城区隆福寺街 99 号

人民东方图书销售中心 电话（010）65250042 65289539

目　录

前　言

　　历史文化遗产是人类共同享有的文化财富，是维系人类生存发展的精神家园。人类文明社会从时空的视角可分为古代、近代、现代，时间跨度为万年、千年、百年。

　　从全世界的视野看，中国的历史文化遗产十分丰富而璀璨。尤为难得的是，在人类文明社会的长河中，若从万年、千年、百年时段看，影响世界最重大、最深远的三大历史文化遗产都在中国，巧的是都在江西。本书正是从这个视角来探索研究，取名《万年 千年 百年：三大历史文化遗产世界价值》。

　　从 20 世纪 60 年代初到 90 年代末的 30 余年间，中美联合农业考古队、江西省文物考古研究所和北京大学考古文博学院的一批又一批的考古学家，他们来到江西省万年县史前人类遗址——仙人洞和吊桶环展开考古科研。令专家们惊喜的是：在这里发现了改写中国历史和世界历史的"无字地书"——一个保留和记录着 25000 年来人类文明演进的清晰地层堆积；出土了"天下第一罐"——距今 20000 年的人类最早手工制作的陶罐；发现了"世界第一粒稻种"——距今12000多年的人类稻作起源种子；还发现了人类最早刻符记事的文字符号等很有价值的文物。第一粒种子开启了深刻改变世界面貌的脚步；第一个陶罐打开了人类走向文明的大门；最早的文字符号革新了人类传承发展的依托，这些考古发现清晰地展示了人类迈向文明的全新时代的伟大开端。

在中国大地上的百年考古，终于解开了人类万年文明演进之谜。从百年考古到发现"万年遗址"，从"万年遗址"到追溯万年文明，中华文明探源有了新成果。江西省万年县是人类万年文明的重要发祥地，是文明曙光升起的地方。这是"万年"的发现，是江西的荣耀，中国的骄傲，世界的惊喜！这是影响世界的伟大的考古成果！

China 现为"中国"和"瓷器"的英译名。"China"一词的出现，不晚于辽金宋、不早于先秦，大致出现在隋唐时期。学界基本认定其作为"瓷器"的含义远晚于作为"中国"的含义，所以 China 最初的意思即指"中国"。

千年文明在全世界、全中国有许多辉煌灿烂的历史文化遗存，而"China"作为陶瓷和中国的含义，让千年瓷都景德镇走向世界，也让世界了解中国，具有独特的历史文化价值，是中国最著名的世界历史文化遗产之一。

世界百年现代史历经无数风云变幻。而中国共产党在红都瑞金建立中华苏维埃共和国，成立临时中央政府，翻天覆地，震惊中外，具有十分重大的历史文化价值，影响中国和世界百年。

红都瑞金的历史文化遗产价值具有开创性、独特性、典型性、延续性。中国共产党成立 10 周年之际在瑞金创建了自己的工农民主政权——中华苏维埃共和国，具有里程碑意义，是开启中国共产党执掌政权团结带领中国人民为实现中华民族伟大复兴、中国深刻影响世界的标志性事件。中华苏维埃共和国在红都瑞金留下了丰富而珍贵的历史文化遗产。

站在世界和中国历史文化遗产视角，万年文明起源，千年瓷都景德镇，近百年红都瑞金建政，是发生在中国江西大地上最具影响力的三大历史事件，是最具世界价值的三大历史文化遗产。

习近平总书记指出："中华优秀传统文化是中华文明的智慧结晶和精华所在，是中华民族的根和魂，是我们在世界文化激荡中站稳脚跟的根基。""文物和文化遗产承载着中华民族的基因和血脉，是不可再生、不可替代的中华优秀文明资源。"

本书是我记者生涯中长期关注的三个地方和三大历史文化遗产；也是我退休后和孙刚先生（江西省人民政府原副省长）共同组建江西省文化遗产影像学会之后 10 年的研究成果。

中美万年仙人洞与吊桶环遗址考古，我从 20 世纪 70 年代开始关注和宣传。

2014 年 2 月，中华文明探源工程各方面的顶尖级专家会聚江西，实地考察了江西境内的历史文化遗产。2014 年 8 月，由北京大学考古文博学院和江西省文物考古研究所共同发表的《仙人洞与吊桶环》遗址考古报告正式由文物出版社出版发行。长达 30 多年对万年仙人洞与吊桶环遗址考古终于有了结论。这两件事引起了我极大兴趣。中华文明探源工程的顶尖考古专家来江西实地考察后，对近几十年来在江西考古发现的重要遗址、文物的年代、价值、意义及环境进行评估审定，对我国史前文明的起源、形成和发展作出新的结论。读了《仙人洞与吊桶环》遗址考古报告后，更是获得了许多惊喜与发现。于是我沉下心来写了一篇《万年文明的曙光——江西万年〈仙人洞与吊桶环〉遗址考古报告解读》，得到专家学者们的赞许和肯定。此后，我开始策划，请示报告有关部门，筹措资金，组织、邀请有关人员一起撰写脚本，摄制《万年文明的曙光》（后改名为《万年啊万年》）三集历史纪录片，同时建议打造万年仙人洞与吊桶环考古国家遗址公园。

1990 年 10 月 11 日至 14 日，首届"中国瓷都——景德镇国际陶瓷节"举行。当年，我作为江西日报社记者现场报道了首届陶瓷节。2003 年，我和宫正先生以江西省人民政府参事的身份递交了"支持景德镇千年庆典活动，并建议以江西省政府和国家有关部委一起举办国际陶瓷博览会"的参事建议，得到省政府的采纳。从 2004 起，"中国瓷都——景德镇国际陶瓷节"改为"中国景德镇国际陶瓷博览会"，我多次参加博览会并进行宣传报道。2005 年，我在《经济日报》还策划了"景德镇：重振雄风应有时"系列报道，引起社会强烈反响。

红都瑞金是我的家乡。1981 年至 1985 年我在瑞金县委宣传部工作，1986 年调江西日报社任记者，1992 年调经济日报社任记者，在江西记者站担任站长；从 2010 年至 2013 年，我在经济日报社担任专家指导员和高级记者，2013 年办理退休。于是，我有了从红都瑞金到首都北京的工作历程。2019 年，为庆祝中华人民共和国成立 70 周年，江西省文化遗产影像学会牵头同江西省苏区精神研究会等 5 家单位举办了"从红都到首都——人民共和国'寻根'研讨会"，我撰写了《一个政党与一个政权的建立——红都瑞金的历史文化遗产价值》一文。2021 年，由我策划、主编，江西省文化遗产影像学会牵头组织编写的《人民共和国追根溯源——从瑞金开始》一书，由中共党史出版社出版。

在中国共产党百年华诞、中华苏维埃共和国 90 周年之后，本书的出版发行，有着特殊意义。因为，历史文化遗产不仅生动地诉说着过去，也深刻影响着当下和未来；不仅属于我们，也属于子孙后代。保护好、传承好历史文化遗产是对历史负责，对人民负责，对社会负责，对未来负责。

不忘本来，才能更好开辟未来！

第一篇　"万年"文明

——江西万年《仙人洞与吊桶环》遗址考古报告揭示的
历史文化遗产世界价值

一、一封来信引发惊世考古大发现

从旧石器时代过渡到新石器时代，这是人类发展史上具有划时代意义的重大事件。漫长的旧石器时代，人类完全被动地靠攫取经济为生，即所谓完全靠天吃饭的时代。直到距今一万年前后，才开始出现新的飞跃，变攫取经济为生产经济，即逐步过渡到了以原始农业和畜牧业生产经济为主的能控制食物生产的新石器时代。这种变革和飞跃，考古学家们称之为"新石器革命"。那么，人类是怎样从旧石器时代过渡到新石器时代，以及新石器时代是在何种环境、何种状态下发生的？这始终都是世界性的重大学术课题。

在人类文化发展史上，作为人类社会的重大发明和创造，曾推动文明巨大进步的，乃是以陶器的发明和出现为其重要标志。恩格斯就曾指出，人类野蛮时代的低级阶段，是"从学会制陶术开始"的。这里恩格斯所说的"野蛮时代"，就是我们所讲的"新石器时代"。陶器的发明是人类早期文明发展史上划时代的创造，是考古学上被称为新石器时代到来的重要标志之一。那么陶器的最早烧制又是起源于何时何地？长期以来，这同样是困扰着考古学家和历史学家的一个难题。

农业起源是仅次于人类诞生的又一重大事件。人类在二三百万年的时间里都没有产生过农业，而只是在最后的一万余年前才开始产生。从此，人类的历史发生了重大转折，转向了完全不同的方向。稻米至今仍是人类的主食，那么稻作农业究竟起源于何时何地？多少年来一直是考古学家们苦苦探索的不解之谜。

那么，人类是怎样从旧石器时代过渡到新石器时代的？新石器时代是在何种环境、何种状态下发生的？人类稻作农业和陶器的起源是在何时何地出现的？这三个长期困扰学术界的世界性难题，通过中美农业考古学家们的积极努力和探索，终于在中国的江西省万年县仙人洞与吊桶环两个洞穴中找到了答案。

人们也许会问，仙人洞与吊桶环又是怎么被发现的呢？事情得从 60 多年前说起。

早在 1961 年 10 月 26 日，江西省文化局收到一封反映有关文物线索的群众来信。写信的是当时江西省委政法部的干部龙俊先生，他在信中这样写道："省文化局负责同志：在看了《生命起源》电影之后，我想起来一件事情，现把情况反映给你们，供参考。万年县陈营区大源乡源头村附近有个很大的石头山，在山根上有个天然的大石洞，这个石洞进口处有两个房门那样高宽，洞内较宽又平坦，可容纳四五百人。我本人原在该区工作，到过这个洞内，几次也没敢往里去，据群众说石壁上有猪等动物形状，我本人没细致看过，此洞内是否有供考古研究的东西，我还不敢讲，我认为天然洞这么大是很稀少的，因此，把此情况反映给你们，你处可否派人去了解一下。"龙俊先生在信的最后还诚恳地提出："如果需要的话，我愿意协同你们去一趟，如果想了解此洞详情的话，可打电话来，我去你处，或你处来人到我们这里了解也可以。"一个国家政法干部对文物考古事业竟倾注如此大的热情，实在令人万分感动与敬佩！

于是，江西省文化局在 1961 年和 1964 年到万年县进行了两次考古发掘，因当时考古条件较差，对具体年代持不同学术意见等原因，致使仙人洞的文化遗产价值被掩盖了整整30 年。此后在 1993 年 8 月，我国牵头组建了第一个对外开放考古队——中美联合农业考古队。对万年仙人洞与吊桶环进行了 5 次时间长达 30 多年的考古科研，在这里发现了改写中国历史和世界历史的"无字地书"——一个保留和记录着25000 年来人类文明演进的地层；出土了"天下第一罐"——

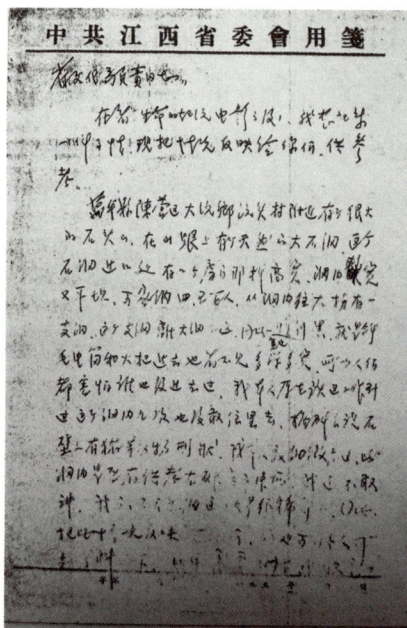

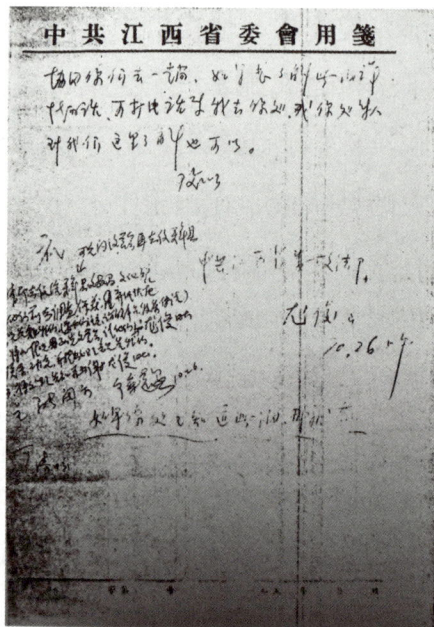

龙俊来信

距今 20000 年的人类最早手工制作的陶罐；发现了"世界第一粒稻种"——距今 12000 多年的人类稻作起源种子；还发现了人类最早刻符记事的文字符号等 1 万余件很有价值的文物，清晰地展示了人类迈向万年文明"经济生活重大变化"的开始。

也正是由于这封不寻常的来信，加快了尘封万年的仙人洞与吊桶环遗址被发现的进程，把仙人洞与吊桶环遗址考古一步步引进到世界级文化遗产殿堂，点燃了人类万年文明的曙光。

二、我国第一个对外开放考古项目——中国和美国联合农业考古揭示的历史文化遗产价值

中美联合农业考古队，由美国资深考古学家、美国科学院院士、安德沃考古研究基金会主任马尼士博士任美方队长；我国著名的新石器时代考古学家、北京大学考古学系严文明教授和江西省考古所所长彭适凡研究员任中方队长。中美联合农业考古队队员除双方领队外，中方队员有北京大学考古系博士张弛、李水城和王幼平、黄蕴平教授，北京大学地质系王宪曾教授、姜钦华博士，北京大学地理系夏正楷教授，江西省文物考古研究所刘诗中、周广明、唐舒龙、廖根深，江西省博物馆陈建平、杨卫，万年县博物馆王炳万、王善权等。美方队员有柯杰夫（考古博士）、鲍勃

尊敬的马尼士博士：

我荣幸地通知您，您代表美国安德沃考古学研究基金会提出要求与中国考古学家组成联合考古队，在中国江西省北部地区对稻谷起源问题进行考古发掘和多学科研究的申请，业已由文化部及有关部门同意并报国务院批准，从今年9月份开始至1995年底结束，贵基金会将与北京大学、江西省考古研究所一起，对江西乐平洪岩洞遗址、万年县的王洞遗址和蝙蝠遗址等进行考古发掘，并对发掘资料进行多学科的研究，我相信在您和中国同行的共同努力下，一定能在稻谷起源以及相关的古代生态环境、社会形态的研究方面取得成果。通过此次合作，必将在加强中美学术交流和增进友谊方面取得可喜的进展。

具体的发掘、研究计划等，请你们与北京大学、江西省考古研究所再详细制定有关协议，以保证合作顺利进行。

祝发掘及研究工作取得成功！

您真诚的
国家文物局局长
张德勤

一九九三年八月十八日

国家文物局向美国著名考古学家马尼士发出邀请函

马尼士博士（1918—2001年），美国著名考古学家（左站立者）。早年曾因主持墨西哥 Coxcatlan 洞穴遗址的发掘，发现了一万年前人工栽培玉米的遗迹而闻名中外。他一生都孜孜不倦地献身于考古事业，尤其是对农业起源的探索。他的足迹遍布世界各地，经他考察、发掘过的洞穴竟达 200 余个。曾出版有《人类的定居与农业》等专著。曾任乔治·赫伯特·沃尔克·布什总统的学术顾问。在全美考古学年会上荣获多学科成就奖。从 1993 年开始，马尼士博士以 76 岁高龄来华开展中美合作考古，为探索世界稻作农业起源作出了重大贡献。美国著名学者肯特·伍弗兰纳里和乔伊斯·马库斯曾高度评价说："马尼士被誉为 20 世纪美国最伟大的考古学家之一。基本上我们所知道的关于农业起源的所有信息都是他或直接或间接参与的工作结果，他所创造的 Lafierra 洞穴发掘法，至今被人广为利用。在秘鲁、中国、美国中西部地区和西南这些地方都留下了他的足迹，并且他都为之作出了贡献，他取得了国际水平的传奇地位。"

1991 年 8 月，由著名农业考古学家、《农业考古》杂志主编陈文华教授主持的"首届农业考古国际学术讨论会"在南昌召开，百余名海内外知名学者参加了这次盛会。美国资深考古学家、美国科学院院士、安德沃考古研究基金会主任马尼士博士应邀与会并发表演讲。1992 年 9 月，马尼士博士应约参加中美联合农业考古队并任美方队长，对万年仙人洞与吊桶环遗址进行考古发掘并取得重大成果。

（考古硕士）、加士（考古研究生）、简·莉女士（安德沃考古研究基金会职员）、范黛华（美国国家博物馆研究员）、达卫（陶瓷专家）、雷丁（动物学博士）和赵志军（留美植物考古学博士）等。这次考古目的很明确，严文明教授在中美联合农业考古队第一次会上说："旧石器时代向新石器时代转变，这是人类历史发展的一个里程碑。这一时期的文化面貌还很模糊，在中国，这类考古学文化遗存发现甚少，在世界上也不多见，因而探索这一时期不同的文化内涵，尤其是农业的发明，具有十分重要的意义。它是一个世界级的课题，如果我们这次能找到理想的文化堆积，并有农业遗存，意义将非

1993年中美联合农业考古队合影

同一般。"

2014 年 2 月，中华文明探源工程的 30 多位顶尖考古专家会聚江西，实地考察了江西境内的瑞昌铜岭商周铜矿遗址、樟树吴城遗址、筑卫城遗址、新干牛头城遗址和鹰潭角山商代窑址等。

2014 年 8 月，北京大学考古文博学院和江西省文物考古研究所共同发布的《仙人洞与吊桶环》遗址考古报告由文物出版社正式出版发行。这是我国第一个对外开放的考古项目——中美联合农业考古，从 20 世纪 70 年代起，在江西省万年县境内进行 30 多年的"仙人洞与吊桶环"遗址考古终于有了结论报告。

这两件事引起了我极大的兴趣。中华文明探源工程的专家们来江西实地考察后，对近 30 年来在江西考古发现的重要遗址、文物的年代、价值、意义及环境进行评估审定，对我国史前文明的起源、形成和发展作出新的结论。读了《仙人洞与吊桶环》遗址考古报告（以下简称"考古报告"），更是获得了许多惊喜。现摘录考古报告 13 项重大发现，原文表述如下：

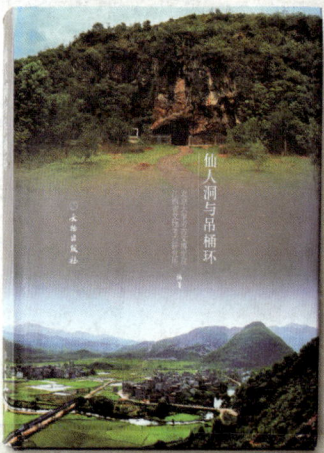

《仙人洞与吊桶环》遗址考古报告

仙人洞遗址

一是仙人洞和吊桶环是早期人类活动遗址，绝对年代均在25000年前，两个地点为同一群人所用，属于旧石器晚期到新石器早期的人类遗址。

二是在第一次和第二次的发掘中总共发现烧火堆22处（均属当时划分的第一期）。由此可知，在洞顶稳定、间歇性河水退出仙人洞后，仙人洞洞厅是人类经常居住和活动的场所。根据对烧火堆及附近堆积物中所发现的兽骨的研究表明，古人类在烧火堆周围的活动包括肢解，烧烤，食用鹿、猪等动物并将骨头制作成骨器、石器等。

三是仙人洞西区出土的条纹陶是目前所知世界上年代最

吊桶环遗址

古老的陶器。其他各层出土的陶器，也是目前早期陶器中数量最多、种类最丰富的。为此，"天下第一罐"界定的时间由原来的18000年前改为现在的20000年前。

四是在仙人洞和吊桶环遗址均发现了有刻划纹的骨鱼镖和鹿角片，它们被进行了切割和抛光处理。尽管目前对所刻划纹的意义仍待进一步研究，但作为我国发现的最早的人为雕刻物件，意义重大。

五是对植硅石的研究表明了至少在盛冰期人类已经开始利用稻属植物。早在12000年前的更新世末期野生稻被作为食物采集，在吊桶环遗址发现的应是现今所知年代最早的栽培稻遗存之一。

六是人类的生产活动除了采集和狩猎以外，还有捕捞鱼、河蚌、野鸭等水生动物。蚌器的出现可能与采集稻谷有关。

七是人类能较长时间在一个固定的洞穴居住，可能与原始农业的出现有关。此外，经对遗址的孢粉分析和植硅石分析，发现有新石器早期的类似水稻的扇形体，为研究农业起源提供了重要线索。

八是骨器中鱼镖和镞的数量增多，说明狩猎的方式增多，狩猎比较灵活的动物的能力在增强。骨器中的锥、针、蚌刀等则与制作皮衣皮具有关。

九是从仙人洞和吊桶环成熟的骨器工艺可以看出，我国制作骨角器的技术在旧石器时代晚期出现，到旧石器时代晚

20世纪90年代中美联合农业考古发掘现场

中美联合农业考古队三位队长合影：严文明（右）、马尼士（中）、彭适凡（左）

期之末已经成熟。

十是在18000年前到11000年前的更新世晚期，由于受全球最后大冰期的影响，江西的气候经历了由温凉向温暖湿润的变化。此后还发生过两次大的气候灾害，气温常年偏低和长期降水，使仙人洞约在8000年前最终被河流堆积物所掩埋，人类被迫放弃了曾经的栖息地。

十一是人群的数量增多，人类较长时间在洞内活动，这可能与经济形态的改变有关。而吊桶环遗址有大量各种兽骨证明是肢解动物场所，说明这可能是以物换物的交易场所，并延续到各个历史时期。

十二是仙人洞与吊桶环遗址发掘是目前揭示我国从旧石

器时代向新石器时代过渡最清晰的地层关系证据，对于深入研究这一国际性重大课题具有重要意义。

十三是仙人洞、吊桶环遗址从旧石器时代向新石器时代的过渡是渐变式的，其中最为重要的是生活方式的转变。这种清晰的变化在中国从旧石器时代晚期向新石器时代早期过渡的遗存中较为少见，也是仙人洞与吊桶环遗址发掘和研究的最重要收获。

也就是说，《仙人洞与吊桶环》遗址考古报告揭开了人类古代文明起源，仙人洞与吊桶环遗址完整的地层关系证据记录着人类从旧石器时代向新石器时代生活方式的变化，科学考古找到了记录人类生活历史变化的"无字地书"，是一部揭示人类文明起源的编年史，是改写中国历史和世界历史的大发现。中华文明探源由此有了新成果，江西省万年县是人类万年文明的重要发祥地，是文明曙光升起的地方。这是"万年"的发现，是江西的荣耀，中国的骄傲，世界的惊喜！

但是，由于参加仙人洞和吊桶环遗址发掘的考古队员都年事已高，时间又过去60多年，社会上人们只知道万年仙人洞与吊桶环遗址考古发现了世界上年代最古老的陶器和12000年前人类开始种植栽培稻。而考古报告揭示的更为重要的是科学考古找到了记录人类经济生活重要变化的"无字地书"，是一部揭示人类文明起源的编年史，是改写中国历史和世界历史的大发现，却鲜为人所知。

本书作者廖国良和中国社会科学院学部委员、中国考古学会理事长、中华文明探源工程负责人王巍（中），世界著名植物考古学家、中国社会科学院考古所研究员赵志军（左）合影

　　我原是《经济日报》记者，长期在江西工作，关注万年仙人洞与吊桶环遗址考古已有30多年了，因记者社会职责使然，2013年退休后选择从事文化遗产的传承研究。作为一名记者和文化遗产研究传承工作者，有兴趣也有责任，写这样一篇普及性的文章来解读考古报告，希望社会上更多人士深入了解《仙人洞与吊桶环》遗址考古报告揭示的人类古代文明起源的伟大意义。

　　参加仙人洞和吊桶环遗址发掘的刘诗中、王炳万等专家为考古报告解读提供了许多鲜为人知的资料，在此表达衷心感谢！

为帮助理解考古报告,在解读之前,让我们先了解一下考古学家探索人类文明起源的一些共识。

三、速读世界文明史

人类有别于动物,在于有智慧利用并制造劳动工具。人类最初使用的劳动工具主要是石器,学界因此把人类主要使用石器的时代称为"石器时代",又进一步分为"旧石器时代"和"新石器时代"。旧石器时代约从 250 万年前到 1.5 万年前,之所以称为"旧",是因为人们制造石器主要用打造的砍砸器,制作方法十分简单。旧石器时代,人类经过漫长的摸索,学会了使用火。火的使用加速了人类的进化。目前,发现最早的人类用火遗迹在非洲的肯尼亚,距今约 142 万年。我国境内 50 万年前的北京猿人已经使用火。旧石器时代,人类以天然食物为生,采集和狩猎是当时人类生活的重要部分。在旧石器时代中期,出现了性别的分工,男子主要从事狩猎,女子主要从事采集。

约在 1.5 万年前,随着第四纪最后一次冰期的结束,全球气候开始转暖,旧石器时代的不少大型动物(如恐龙)灭绝,而小动物和鸟类增多,人类的狩猎对象发生了变化。为了适应这种变化,人类的劳动工具也发生了改变,石器制作更加精细,出现了磨制石器,人类进入了新石器时代。

　　农业的产生是人类发展史上的一次大革命，人类由食物的采集者变成食物的生产者。这不仅解决了食物来源问题，也更加促进了人类体能和人口的增长，开始改变社会结构，由此社会分工走向精细化，社会形态开始走向文明状态。

　　人类最初的文明中心大都出现在大河流域，因为那里有充足的水源和肥沃的土地。美索不达米亚平原（底格里斯河与幼发拉底河）的两河流域、古埃及的尼罗河流域、中国的长江和黄河流域以及古印度的印度河流域（恒河），这四个国家和地区创造了人类早期文明，被称为"四大文明古国"。

四、对文明起源的理解

　　在现代汉语中，"文明"指一种社会进步状态，与"野蛮"一词相对立。"文明"与"文化"相近，也有不同之处。文化指一种存在方式，有文化意味着某种文明，但是没有文化也并不意味着"野蛮"。汉语的文明对行为和举止的要求更高，对知识和技术的要求次之。

　　古代文明原界定在公元前3500年到公元前1000年，现已被史前考古成果打破。"中华文明的起源"或"人类文明的起源"应追溯到什么时期，且看学界观点：

　　英国著名人类学家爱德华·伯内特·泰勒著的《原始文化》被公认是进化学派的经典著作。这部著作受达尔文生物进化论的影响，在书中追溯了人类从野蛮状态到文明状态的进化过程，描述了原始人如何运用理性去解释他们尚不能了解的自然和人类事物。泰勒提出，进化论可分为蒙昧、野蛮和文明三个阶段。每一阶段是前一阶段的产物，又对未来阶段的形成起着巨大的影响作用。泰勒通过收集大量资料，分析全世界数百个不同社会的情况，最后得出结论：人类社会的进化与体质的进化相似，经历了由简单到复杂的过程。

著名考古学家夏鼐先生曾专门论述中国文明的起源，从殷墟一直追溯到二里头文化，最后简述了新石器时代考古学文化的概况，提出文明的起源还应上溯至新石器时代。

著名考古学家苏秉琦先生在《文化与文明》一文中指出："什么是文明，对文明如何解释，这不是顶尖重要的，是如何认识文明起源，如何在实践、在历史与考古结合中加深对文明起源的认识。""中华文明起源问题的提出，目的是要揭示文献以前的历史，这就为历史传说与考古的结合找到一条道路。"他强调不要谈"文明"概念，而要通过探索文明起源来研究文献以前的历史。苏秉琦认为，农业的出现就是文明的根，就是文明的起源。这一起源可追溯到 10000 年到 12000 年前。

世界上没有哪一个像中国如此之大的国家有始自百万年前至今不衰不断的文化发展大系……从超百万年的文化根系，到万年前的文明起步，从五千年前氏族到国家的"古文

化、古城、古国"的发展，再由早期古国发展为各霸一方的
方国，最终发展为多源一统的帝国，这样一条中国国家形成
的典型发展道路，以及与之同步发展的中华民族祖先的无数
次组合与重组，再到秦汉时代以后几次北方民族入主中原
所形成的中华民族多元一体的结构，这样有准确时间、空
间框架和丰富内涵的中国历史的主体结构，在世界上是举
世无双的。

　　探索我国史前文明的领军人、著名考古学家严文明在
《略论中国文明的起源》一文中认为，中国古代文明的起源
是多元的，又是有主体的，以后的发展主体虽越来越大，仍
然保持着多元，形成一种多元一体的格局，最后发展为现在
以汉族为主体的统一多民族国家。他还在《追寻中国文化的
根》一文中讲到，研究古代文明，可以追溯人类走过的光辉
而曲折的道路，正确地继承和发扬优秀的文化遗产，吸取丰
富的经验和历史教训，从而起到温故知新的作用。新石器时
代早期是发明农业、陶器和磨制石器的时期。在这些方面，
虽然技术上还很落后，在整个经济生活中的比重不大，但是
它们的出现乃是划时代的大事。特别是农业的发明，乃是人
类经历的最重大的革命之一，以至于大大改变了往后历史的
面貌。

　　著名考古学家、北京大学教授李伯谦在《长江流域文明
的进程》一文中指出："中国文明起源的问题，从某种意义上

也可以说是黄河流域和长江流域文明的起源问题。只要对黄河、长江这两河流域文明的进程有个基本的了解，中国文明起源的问题就基本解决了。"他还指出："长江中游是长江流域的一个重要环节，也是相对独立的一个原始文化区域，当然也就有着相对独立的文明化进程。随着长江中游五十余年来的考古发掘与研究工作的深入，长江中游文明进程的研究时机业已基本成熟。长江中游文明进程的探索，不仅旨在了解长江中游文明化的步伐是如何迈进的，而且还在于探求其步伐与进程为何如此这般的原因何在，为进一步理解长江流域文明化进程和探索中国文明起源奠定一个局部的但不可或缺的基础。"

中国考古学会理事长、中华文明探源工程负责人王巍认为，中国古代文明探源就是对中国古代文明的起源与形成过程进行综合考察，也就是要从各个侧面探讨中国古代文明是如何起源和形成的。不仅要探索其过程，还要探讨其动力和机制，即文明为什么会产生，为何经历了如此的发展过程，导致这一过程的背景、原因、动力、机制等。

从我国史前考古成果可看出，在长江中下游地区距今10000年前的江西仙人洞与吊桶环遗址、湖南玉蟾岩遗址和浙江上山遗址都发现了人工栽培稻遗存等人类丰富的创造和文明活动。为此，本书确定"万年文明的曙光"为含距今10000年前在长江中下游地区的重大发现，重点解读在江西省万年县境内的《仙人洞与吊桶环》遗址考古报告给我们的信息及启示。

我们认为，文明是人类为了生存和发展而进行的长期劳动实践的产物，是人类在实践活动中用智慧创造的成果。文明的产生与发展都根植于人类现实的物质和精神实践活动之中。现实的实践活动是人类文明赖以存在与发展的基石。也就是说，文明是人类劳动和智慧创造的成果。

今天，让我们一起来解读《仙人洞与吊桶环》遗址考古报告，探索万年文明的曙光。

五、仙人洞与吊桶环遗址科学考古的重大成果

仙人洞与吊桶环遗址考古从 20 世纪 60 年代起先后进行了 5 次发掘，其中 2 次是中美联合进行农业考古。经过 5 次发掘，科学完整地揭示了人类由旧石器时代向新石器时代过渡的地层堆积；先民从采集野生稻到学会人工栽培水稻的漫长变化过程，证明中国是世界栽培稻起源地之一；原始陶器、稻属植硅石和骨器上的刻符、记数及蚌饰品等标志着原始手工业、原始农业、原始艺术的产生，这些都是早期人类历史上划时代的重大发现与发明。

请看，《仙人洞与吊桶环》遗址考古揭示了如下世界文化遗产价值：

（一）绝对年代的确定与价值

考古报告揭示了仙人洞与吊桶环是早期人类活动遗址，绝对年代都在25000年前，两个地点为同一群人所用，属于旧石器晚期到新石器早期的人类遗址。

需特别注意，考古报告用了"绝对年代"一词，告诉我们一个准确的历史年代分期。在十分讲究严谨的考古报告中用"绝对年代"是十分少见的，足见专家们对仙人洞与吊桶环历史年代分期的把握。

考古报告综合多组数据分析，把石器分期的绝对年代作了大致区分：早期为BP25000—23000年，中期为BP23000—20000年，晚期前段为BP20000—12000年，晚期后段为BP12000—9000年。这些年代中，早期和中期大致落在华南旧石器时代晚期，晚期前段和晚期后段应当是在旧石器时代末期到新石器时代早期。其中早期、中期和晚期前段的堆积在仙人洞和吊桶环都有发现，晚期后段的原生堆积只在仙人洞有所发现。

再从考古报告中有关遗迹、兽骨和植物遗存在各个时期出现的情况可知，仙人洞和吊桶环在旧石器时代晚期的人类活动流动性仍然很大，特别是在BP25000—23000年，生计方式以狩猎为主，主要的猎物为斑鹿、麂、麝、獐等鹿科动物和野猪等大中型哺乳动物。在这两个地点遗留下来的各类文化遗存都比较单一且数量少。在旧石器时代中期，大型砾石

万年前仙人洞与吊桶环遗址出土的人类磨制石器，这些都是新石器时代的产物

工具逐渐增加，反映了采集活动在当时生产中的比例开始加大。在 BP20000—12000 年间的晚期前段，是地球最后冰期的最寒冷时期。这个时期仙人洞和吊桶环遗址的人类活动的稳定性增强。石器中以片岩为原料的大、中型砍砸、切割与研磨工具构成石器组合的主体，说明采集活动逐渐成为当时取食经济的主体。在植物遗存中出现了大量的稻属植硅石。最早的陶器出现是仙人洞西区出土的条纹陶，是迄今所知东亚乃至世界上年代最早的陶器，器物种类有釜和深腹钵两种，很可能与采集经济有关。骨器中鱼镖和镞的数量增多，说明狩猎的方式和狩猎比较灵活的动物的能力增强。骨器中的锥、针、蚌刀等则与制作皮衣皮具有关。在 BP12000—9000 年间，最后冰期结束，气候逐渐回暖，大致应当是新石器时代早期的年代范围。

在上古年代，火给人类带来了温暖，增加了勇气。人类在长期使用火炙烤食物的同时，发现了泥土经过火的烧烤会黏结变硬。偶然的发现变成有意的追求，启发了先民使用黏土成型，再经过烧烤，制成盛放食物的容器——陶器诞生了20000年前，距景德镇70公里的江西万年仙人洞遗址出土的陶罐残片，是目前世界上发现的时代最早的陶片。从此，作为人类文明指数的陶器在赣鄱流域不断复制。

图为在中国国家博物馆展出的仙人洞出土的——"天下第一罐"

这些考古信息告诉我们，25000年来，人类在经历地球气候不断变化的过程中为生存发展进行了顽强的斗争，进行了生存和生活方式的改变与适应，出现了许多重大发明创造。考古报告给出绝对年代25000年前，是对仙人洞与吊桶环遗址有人类活动历史时间和文化年代的确定，如同给仙人洞与吊桶环遗址颁发有人类居住活动的身份证明。

（二）万年前的重大发现与发明

中美联合农业考古队对仙人洞与吊桶环遗址的合作发掘，不仅一切按科学规范严格、细致地进行，而且在其发掘过程中及其田野工作结束后，坚持发掘与研究相结合，人文科学与自然科学相结合。尤其是，在对遗址中出土的石制品、骨蚌器、陶器等人工遗物进行深入研究之外，中美学者还利用了当下全球最先进的科学考古方法和技术手段，分别对仙人洞、吊桶环遗址所处大源盆地的生态环境、地形地貌等进行研究，即环境考古学、植物考古学、动物考古学以及碳十四测年、热释光测年等科技考古，从而多视角、多层面丰富了仙人洞与吊桶环遗址的文化信息与内涵，使人们对仙人洞与吊桶环遗址有了一个全新的认识。

仙人洞西区出土的条纹陶是目前所知世界上年代最古老的陶器，其他各层出土的陶器也是目前早期陶器中数量最多、种类最丰富的。"天下第一罐"由原先测定的18000年前改为现在的20000年前。在仙人洞与吊桶环遗址均发现了刻有划纹的骨鱼镖和鹿角片，它们被进行了切割和抛光处理。植硅石的研究表明，至少在盛冰期已经开始利用稻属植物。早在12000年前的更新世末期野生稻被作为食物采集，在吊桶环遗址发现的，应是目前所知年代最早的栽培稻遗存之一。发现骨器中有鱼镖、镞、铲、斧、锥、针、蚌刀等科技含量高的工具发明。这些成熟的骨器工艺，

可以看出我国制作骨角器的技术在旧石器时代晚期出现，
到旧石器时代晚期之末制作骨角器的技术已经很成熟。这
为研究农业的起源和古代人类的生产生活找到有力证据。

早在仙人洞人创造磨制石器和钻孔技术之前，传统的打
制石器也创造出一种特殊工艺，即生产细石器的间接打击法，
这是人类智慧和技术进步的又一个里程碑。据实验，仙人洞
人用的火山玻璃——黑曜石，这种石片打出的工具比现代手
术刀还锐利，且更耐用。此时，仙人洞人的间接打击石器技
术已很成熟，并产生了用压制法加工修整石器技术，创造了
一批特殊的新工具，如精致的雕刻器、刮削器、微型尖状器
等。这些细小石片有非常锋利的刃口，却不便把握和使用。
于是，仙人洞人便发明出石刃、骨刃，将细石片中段刃缘平
直的部分裁下，嵌在骨柄上，就像装上刀架的双面刃片，使
用起来得心应手。这成为人类制作的第一批十分锋利的石器，
使人类制作石器的技术达到很高水平。

磨制技术的发明，还带来狩猎技术的提高。仙人洞与吊
桶环两遗址发现有数枚骨镞、骨制投掷标枪和大量石球。这
些狩猎专用工具的出现，表明仙人洞人在万年前驯化栽培稻、
发明陶器这样的人类重大科技创新外，还有其他多项发明。
其中，弓箭的发明在人类文明进程中起到重要作用。骨镞的
发现，表明仙人洞人已用弓箭这种新式武器来从事狩猎活动。
弓箭的发明意义非同一般，只有当人们具有制造工具的丰富

经验和较高技能时才可能发明弓箭。它不是一般的工具，已具有马克思《资本论》中分析机器的三个要素：动力，用在弓上的人力（拉弦）转化为势能（拉开的弦），起到发动机的作用；传动，拉开的弦收回，势能转化为动能，将箭弹出去，射出一定距离；工具，使用了弓箭，人就可以在较远的距离，安全有效地射杀野兽。

在我国新石器时代墓葬中，也发现过深深嵌入人骨的石箭头。可见弓箭的射程、射速、准确度和杀伤力是火器发明以前的其他武器所不能比的。恩格斯高度评价了人类的这一发明："弓箭对于蒙昧时代，正如铁剑对于野蛮时代和火器对于文明时代一样，乃是决定性的武器。"

仙人洞人在狩猎活动中除使用弓箭这种先进的远程射杀武器外，还使用石球作投掷武器。早在猿人时代，狩猎使用棍棒，作为手臂的延长，但这种延长是很有限的，徒手投掷石块也是猿人应用的有效办法。但人类没有止步于此，为了投掷得更远、更准、更有力，一步步发明和改进了投石器，制造出流星索。原始的投石器是棍棒投石器，劈开木棍或竹竿一端，夹住石块，手执另一端猛甩，石块可飞出五六十米远。

从万余年前的流星索到今日竞技体育的链球项目，从原始狩猎活动到今日高雅地展示人类力量与智慧美的历史链条，是多么清晰而有趣！

仙人洞人不仅掌握了用绳结网捕鱼的技术，而且对游弋于水中的较大鱼还使用新的叉鱼工具——鱼镖。鱼镖磨制精细，正面平滑，呈弧形，背面平面，两侧作出数节倒刺；锋端尖利，配上长木棍，是刺中游鱼的非常有效武器。

由此可见，仙人洞人在万年前的创造发明是何等光荣与伟大。这也是现代科技考古的重大新成果。过去人们熟知，领先世界的一二千年的中国古代四大发明（指南针、造纸术、火药和印刷术），传入世界各地后，对世界科技文化的发展产生了深远影响，中国对于世界文明作出了巨大贡献。而万年仙人洞与吊桶环遗址科学考古的发现，将人类发明创造的历史由几千年前改写为万年以前！

（三）刻划纹的出现意义非同寻常

考古报告说，仙人洞与吊桶环遗址均发现有刻划纹的骨鱼镖和鹿角片，它们被进行了切割和抛光处理。尽管对所刻划纹的意义仍有待进一步研究，但作为我国发现的最早的人为雕刻物件，意义重大。

在漫长的原始时代，知识和技术的积累，依靠一代代口耳相传。而文字的发明，创造了保存和传播文化一个全新的十分重要手段。从此，人类建立了一个独立于人体之外的文化知识积累系统，它可以超越时间和空间，把知识、技术、经验散播开来、传递下去，不仅使不同地区的人互相沟通，而且使后代子孙能够站在前人的肩膀上继续攀登，从而大大加速了文明的进程。然而文字不可能是一个人一时所能创造的。它产生于原始记事方法，如物件记事、结绳记事、图画记事等，再经过长期的发展，表达内涵趋于丰富，表达形式趋于多样，最终产生出文字。

书契是指契刻在竹、木、骨、龟甲上的文字。所以，这一记载说明，在文字出现以前，曾用结绳的方法帮助记忆。仙人洞人必然也同样经历过结绳记事的历史阶段。刻符记事，是用一些线条组成不同形状的符号，通常刻画在石壁、石块、木、竹、骨、陶器上。最初的刻符，可能是个别猿人根据自己的意图刻画出来，线条比较简单，随意性很大，在使用过程中，得到一些人的认可，再逐渐推广。这种刻符方法，不但简便，而且线条直横交叉，圈点各异，疏密繁简不一，组合形式多种多样，可以不断衍生出新的符号，表达更多的记事内容。由于刻符可以创造出各种符号，且可以刻在许多物品上，因而表达更方便、更丰富，所以比结绳方式使用更广泛。

从文字产生以前的我国新石器时代开始，用刻画符号记事一直延续使用了几千年。尽管这些刻画符号起初显得单调笨拙，无法替代语言，不能作为文字使用，但从刻画的形式和性质来说，它对我国文字的起源具有较大影响。多数古文字学家认为，已发现的刻画符号明显具有原始文字的特征。

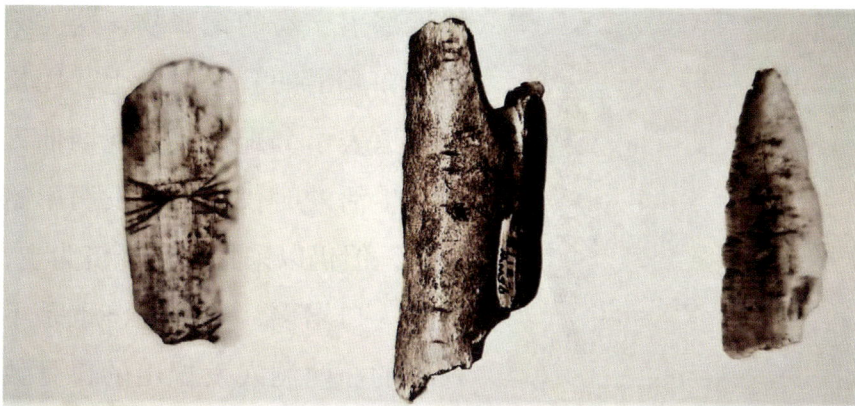

仙人洞遗址出土的鹿骨，上面有人类刻画的符号

　　过去一般认为，陕西西安半坡、临潼姜寨，甘肃大地湾，河南裴李岗，山东龙山、大汶口等，在距今约5000—7000年的陶器上的刻画符号是我国文字产生的萌芽。

　　从人类创物的历史规律来看，狩猎和制作骨器的年代应早于农业和陶器产生的时代，最早的刻符应是在木质或骨质上。这点从仙人洞和吊桶环遗址出土上万年的骨器和管状兽骨上可印证，它成为中国乃至世界人类最早的刻画符号发现地之一。这些骨质物契刻着长短横线，有的还刻有米字符。按一般解释，一道线表示"一"，二道线表示"二"，但也有一短一长，或二短一长，这之中或许有五位进制或十位进制的原始数字概念。这些数字概念，可能是表达狩猎、捕鱼者获取食物的数量，这类刻符往往见于射猎的骨箭头和刺杀鱼的骨镖上刻有的数道横线；也有可能是作为原始分配方式和

吊桶环遗址出土骨器上的刻符

邻近部落交易的记账物，这类刻符多在光滑的管状股骨上，用长短横道表示分配数字。晚期仙人洞人生活的时代虽然已发明原始农业，但仍以采集狩猎经济为主，由于人口增多，狩猎经济也是不稳定的。两洞穴发掘出的兽骨数以十万计，大都很破碎，不少兽骨已被火烧成黑色，很难见到一个完整的头骨或较长的兽骨。这说明，当时在猎物的处理上，一切可吃的东西都被吃掉了。洞穴内的篝火堆，外围有规律地排列着大石块，它们的一个用途就是做敲碎兽骨的垫石，上面还留下砸击造成的伤痕，与之配套的手握砸石，同样也留下无数个疤痕。从饮食方式看，当时并非生吃，而是将兽骨在火上烧烤后进行"敲骨吸髓"。

这样的生产力水平决定了分配制度必然是按平均分配，不这样就会有人生存不下去。猎人无论谁打到野兽都要分给大家，对鳏寡孤独者若不给予热切的帮助，就要受到斥责，而猎人自己分得的猎物有时甚至要少些，他们会为此感到荣耀和骄傲。人类在饱经数千年剥削制度之苦后，不由赞叹这样的分配制度精神境界之高，称之为原始共产主义。

　　结绳记事本身不能深化成文字，但它的表现手法对造字是有影响的。契刻符号也不是文字，但有些表现手法使用了，约定俗成，促进了文字的形成。数字刻划符号逐渐有了固定的写法，成了象形文字中数字的前身。仙人洞和吊桶环遗址出土的骨鱼镖和鹿角片上有刻划纹，意义非同寻常。

骨镞
Bone arrowheads

蚌镞
Shell arrowheads

磨制技术的发明

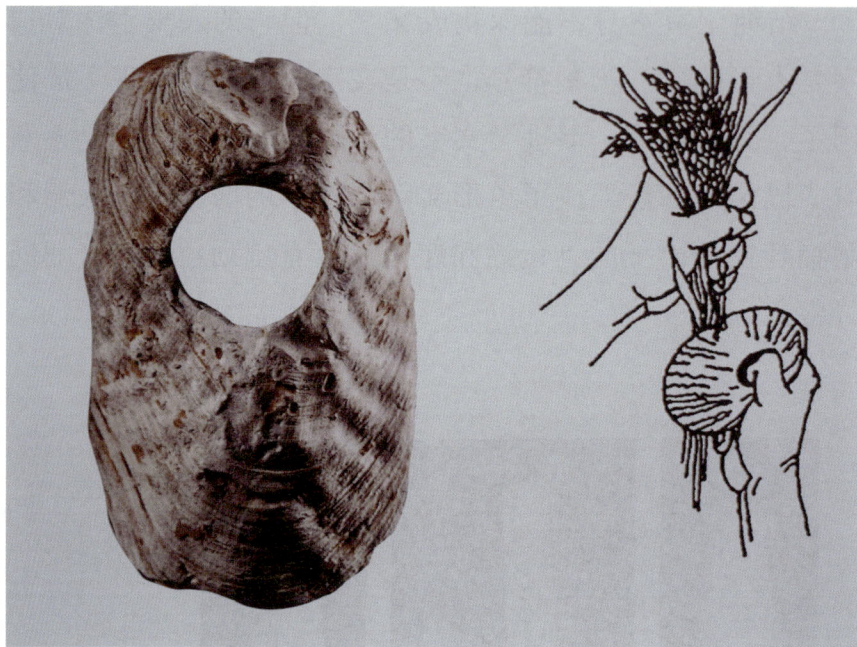

单孔蚌器的使用示意图

（四）发现万年前的人体装饰艺术

人与动物的根本区别是精神世界的形成。自人类物种诞生到精神世界的形成，经历了漫长的数百万年时间。开始从蒙昧中觉醒，驱使了文化的萌动，审美与艺术的萌生，迎来了文明的曙光。

最早的艺术在洞穴中产生。10000余年前的苦寒岁月里，仙人洞人开始打扮自己了，他们除了能够把自己的工具——石器制造得非常规整、均匀外，还能制造出磨制光滑、有钻孔和刻纹的装饰品，并且有了初步的审美观。他们穿孔河蚌壳，刻痕兽牙，穿戴类似项链或穿成链状的胸饰、头饰。这些饰品是远古人们有意识加工过的，因此可以视为原始艺术品。骨针，上扁下尖，上部钻一孔，厚仅4.2毫米。针是人类历史上一项重要发明，细小的针孔说明这时已有了初步缝纫技术，可能是使用鹿的韧带或野麻线缝制兽皮为原料的衣物。而当时的衣物如同后世的一样，不仅仅是御寒的需要，也表明人们社会角色心理的出现。两洞穴陶片上的编织印痕，有清晰的经编和纬编，证实人类利用植物纤维编织成布匹的技术已在10000—12000年前已在这里发明了。这无疑是当时世界上最先进的科学技术之一，比浙江河姆渡出土的原始机织年代早了数千年。

从考古遗存分析，仙人洞人有崇尚红色的习俗。在仙人洞洞口的公共墓地可看出，当时人们对祖先的埋葬方式是不掘坑，而是用火烧出大片红土面作为葬场，先人遗骨集中埋于此。这种将祖先葬于居地附近的做法，是祈求先祖荫护后人观念的反映，而与祖先灵魂沟通的，则是红色葬地。红色代表血脉，墓就是人类早期社会最早的宗教崇拜，即祖先崇拜的反映。同样，在陪葬的陶器内面和蚌器、骨器上也见有涂朱砂现象，红色应是当时装饰艺术的流行色，

仙人洞妇女佩戴蚌、牙饰品示意图

它成了"中国红"的先导。关于这一时期红色的流行，学术
界有多种解释：有人认为红色象征着篝火的颜色，既可以给
人以温暖，又能够驱兽自卫；有人认为红色象征血液，人死
血枯，加上同色的物质是希望死者在另一个世界中复活，因
此红色是对生命的呼唤；还有人认为，红色的本意可能是猎
物之血，人们以此象征着勇猛、收获，也是男性的重要标志，
后世祭祀前或大战前以血衅鼓，当由此来。

　　大量骨笄的发现，表明仙人洞人很注重人体本身头发的
梳妆打扮，妇女往往将头发盘结束发，用骨笄别住。我国西

中美联合农业考古队队长北大教授严文明（右一）和美方考古队队长马
尼士博士（右二）在一起研究

南少数民族妇女至今仍保留这种原始装饰方式。

　　仙人洞还出土了一具人体头颅顶骨，经中国科学院古脊椎动物与古人类研究所吴新智研究员观察鉴定后认为，骨骼很薄，肌嵴线不明显，应属于蒙古人种的壮年女性头骨。

　　从考古学家还原的女性塑像可见，万年前的仙人洞人的审美意识和人体装饰艺术已比较成熟。他们崇尚红色，往往在有的陶器内面和蚌器、骨质上涂上朱砂，象征"火"的温暖，又能够驱赶猛兽，给人们带来希望和憧憬。他们已进入了用骨针缝制兽服的时代。特别是大量制造出磨制光滑、有钻孔和刻纹的装饰品，如穿孔蚌器，刻痕兽牙，以做成类似项链或穿成链状的胸饰头饰和项饰，这些都是万年前远古祖

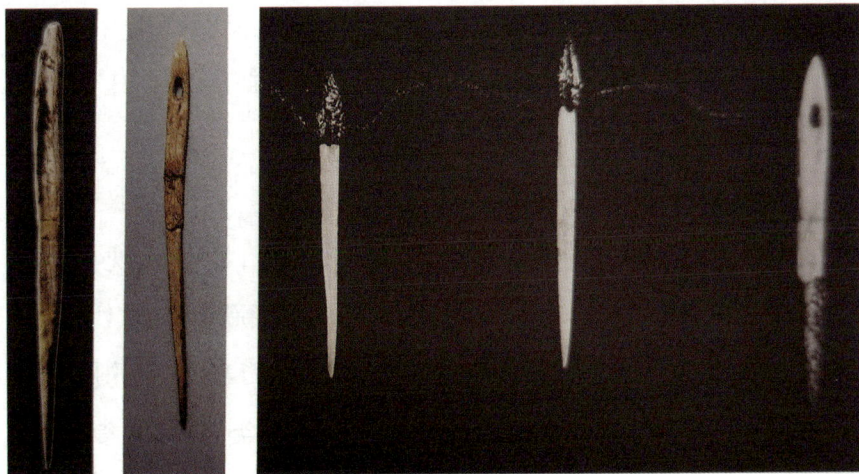

仙人洞遗址发现的 10000 年前的骨针

先留下的极为珍贵的原始艺术品，为我们展现了万年前的仙人洞人追求物质和精神生活的面貌。

（五）人类利用火的杰作

一位史学家说："人类对火的控制，是人类制作第一把石刀之后，人类历史上的第一件大事。这一伟大创造，在人类发展史和人类文明史上，有着极其重大的意义。"

仙人洞与吊桶环遗址考古发现，生活居住在这里的先人很早就掌握了人工取火技术，有 22 处烧火堆的遗存和从旧石器晚期至新石器早期地层中连续不断的灰烬土，兽骨中近半数呈黑色，这是被火烧黑所致，还有石锯及蚌器。骨器的磨制、钻孔等新技术的出现，同样可以视为先民的人工取火依据。

用火，是人类在对自然斗争中迈出的关键性的第一步。取火，则使人类在支配这种自然力的征程中再迈出关键的一步。

仙人洞人发明了磨制、穿孔器和石锯，这些为取火的发明创造了条件。我们似乎可以看到，在旧石器时代晚期，仙人洞的先民用新掌握的人工取火技术，迎接新石器时代到来。这把火将荒地上杂草烧掉，使人类开始了刀耕火种的原始农业时代；点燃烧造陶器的熊熊火焰，使人类告别生食时代，凭着灵巧的手和智慧的脑，开始进一步挣脱自然环境的束缚，开辟新的生存空间。

　　有了火,人们才能从"茹毛饮血"的生食方式变为火烤锅煮的熟食方式,食物范围得以扩大,对人们的大脑和体质的发展有着重要的意义。火给人以亮光和温暖,可以用来防止野兽的侵袭,又能用来围攻猎取野兽。火可以用来烧烤木料,烧裂石块以制作工具和武器。火还可以用来开垦土地,制作陶器,冶炼金属……

　　斗转星移数百万年,火使人成为万物之灵,火成为人类进化、文明进步、经济发展的第一要素。如果没有火,人类不知还要在茹毛饮血的生活状态中延续多少万年。如果不是因为有火而吃上熟食,也不会有今天男性的光鲜、女性的靓丽,可能还停留在浑身毛发与猩猿为伍的阶段。如果说是直立行走和劳动创造了人,那么人类则是在原始的蒙昧状态中徘徊了不知多少漫长的年代。仙人洞与吊桶环遗址考古所发现的陶器的烧制、农业的产生、动物的驯养、食物生产的出现、商品交易的产生,是人类历史上自掌握用火以后最伟大的经济革命。由食物采集向食物生产转变、自然型经济向生产型经济社会的转变,火的使用使社会经济和文化发展达到了一个全新高度。

（六）稻作之源：一粒种子改变世界

　　考古报告中两洞穴发现的栽培稻植硅体和水稻孢粉的分析信息表明,这是现今所知世界上年代最早的栽培稻遗存之一，与湖南道县玉蟾岩遗址和浙江浦江县上山遗址发现的距今10000年前的栽培稻交相辉映，昭示着长江中下游地区是中国乃至世界稻作起源地。

著名考古学家安志敏教授也曾指出：中国的稻作农耕以长江流域为最早，在考古上可证明这是稻作的起源地，并且长江中下游可能是它的起源中心。这表明距仙人洞只有50公里的东乡县岗上积镇东源野生稻确属江西土生土长，并与江西古老的栽培稻有密切的亲缘关系。加上江西修水岭山背跑马岭、新余拾年山、樟树樊城堆、九江神墩、湖口城墩坂等新石器时代遗址出土的红烧土块上的稻壳和稻秆印痕等考古实证，表明长江中下游是稻作农业产生的天然实验场。

万年县大源盆地为稻作农业的一个重要发祥地的结论是科学的。它有着野生稻和种植水稻的优越地理环境，其年代之早不仅有国际通用测年的碳十四科学数据为证，而且有着只有野生稻遗存过渡到有人工驯化稻作遗存的两大文化期叠压层。两洞穴"稻作化石"植物硅体细胞的研究成果发表于美国《科学》杂志上，使之成为公认的人类文明成果。

稻作农业考古成果中还有几项重要证据：一是见有用于脱落粒的组合使用工具磨盘和磨石。二是上弧下扁平的穿孔器，亦称"重石器"，即在磨制的圆形石器中穿一孔，将长圆木棒穿入孔中，木棒下部为尖状。这是一种原始农业最早阶段刀耕火种时期用于点播种子的专用工具，它的存在更增添了大源盆地为稻作农业起源地的实物证据。三是可用于收割的蚌镰。过去有一个流传很广的传说，说是在2600余年前，鲁班因茅草叶的启示发明了锯子，提高了劳动效率。而仙人洞人的蚌镰告诉我们，早于鲁班的一万余年，已有蚌锯和石锯。仙人洞人已经有意识地将切割的蚌器和刮削石器的刃缘打出均匀的缺口，以取得今天的锯子和镰刀的功用，用于收割稻谷和加工食物。

水稻改变世界。水稻种植具有十分重要的作用。其特性主要有：一是生长时间短，产量高。二是营养价值高。从氨基酸的成分看，稻米含有营养价值很高的赖氨酸，因此稻米的蛋白质量是谷物中最好的。三是能大量栽培。四是成本低。水稻的发明和种好水稻，对于我们人类的发展、社会的进步具有重大的战略意义和经济意义。在10000多年的人类社会演化中，水稻扮演了重要角色。米饭、糕点，满足人们一日三餐；元宵、粽子、米酒祭祀祖先、先贤和鬼神，提供人们精神需要；稻草鞋、稻草帽、稻草绳、稻草包制品，是水稻全身资源的奉献；米糠、稻草养猪喂牛，支持了人们对营养的转换。水稻献出了它身上的所有，连剩下的烂草、稻壳烧成了灰还可以作肥料肥田，或作原始建筑材料与造纸原料。

大源盆地的远古先民发明了种植水稻，10000余年来始终在我国粮食作物中占主导地位，全世界约有半数人口以稻米为主要粮食，而亚洲的销量占全世界总销量90%以上，可见水稻所处的重要地位。

水稻是美丽的。它外形美，春天一片绿，秋天一片黄，引来无数文人墨客的赞颂。它精神美，朴实无华，无私奉献，推动着人类社会文明的不断进步。

稻米收成的丰收和歉收成了国家稳定的基石、社会兴衰的支撑。孟子说："民以食为天。"解决衣食问题主要靠农业生产。原始农业的出现，是人类认识世界、改造自然的巨大成功，是文明出现的首要前提。

英国学者戈登·柴尔德作出这样的论断："食物生产，包括对食用植物尤其是谷物的自觉栽培和对动物的驯化、饲养和选择，是人类历史上自掌握火以后最伟大的经济革命。"

我国著名的农业专家佟屏亚这样赞道：

种子，人类智慧的结果，

种子，人类艺术的结晶，

一粒种子改变了世界，

谁掌握了种子，

谁就有可能占有未来！

一位作家写下感言：当今世界六十多亿人有三分之二的人吃食大米，而这一果腹生命的谷物在万年这片土地上由野生变为人工栽培，千年万年的辛苦劳作，千年万年的创造发明，养育了今天世界上几十亿人。我们真该齐刷刷跪下，向着万年广袤的田野，向着已经飘逝万年的祖先，捧出我们虔敬感恩的心……

（七）泥与火的伟大革命

考古报告显示，仙人洞最早的陶器出现在西区的③C①B层，此层以上各层都出有一些陶片，共计282片；吊桶环D层才有陶片。这里年代最早的陶器是条纹陶，胎土为掺大粒石英的夹砂陶，以斜接泥条的泥条圈筑法筑成坯，用平头齿形器在内、外壁刮抹修整，留下了平行的条纹，器口压成锯齿状并在口部装饰一周由内向外顶出的泥突，器形是直口的"U"形罐（釜）。

目前出土最早陶器条纹陶的仙人洞西区③C①B层中有4个年代数据，其中一个最晚的数据（UCR3439）校正后为18200—17550BC（95%置信度）。与东区最早出陶器的层位②B①、②B的年代及其他一些地点的测年大致可以对应。因而可以认为仙人洞③C①B的年代位置大致在距今19000—20000年间。

为充实两洞穴考古发掘报告资料，1998年8月，中方考古队对仙人洞和吊桶环又进行了发掘，在早期地层中有两个意外收获：一是发现了一件个体大的陶片。一件为素面灰黑陶，口沿下锥刺不规则三角纹，残件高15厘米，最宽处9厘米；另一件为夹砂灰白陶，满饰交错状粗绳纹，高16厘米，最宽处7厘米。从器型来看，似是炊具罐或釜类。如此大件的陶片出土，是前 4 次发掘未曾见到的。就我国新石器在早期遗址所发现陶片的时间和规格而言，当属最早、最大者，因而成为人类所烧造的陶器十分重要的标本。

陶器中还有一个重大发现，就是 20 世纪 60 年代发掘获得的那件圆底罐，是仙人洞唯一能复原的陶器，现已被国家博物馆收藏。但那件碎片粘接的陶罐，无底片，当时根据口、腹连接片的下收缩弧线做了个假圆底，专家们为此感到遗憾。30 年后，这件器物的底部终于在此次发掘中重见天日，对接一起，下腹部正好吻合！这对接是多么的美妙啊，类似中国古代的"破镜重圆"的历史故事在这里重现！

陶器的发明是人类远古文化史上划时代的创造，是后来在考古学上被称为新石器时代到来的最重要标志之一，是世间最早的泥与火融合的手工业成果。

陶器是怎样产生的，人们有种种猜测。一种观点认为，人类先将黏土涂在容易着火的容器之上以免被烧毁，以至后来他们发现单用黏土本身即可达到这个目的，于是世界上便出现制陶术了。另有一种观点认为，陶器最初产生于人们将黏土做成的容器，放在太阳下晒干使其变硬，然后盛物。

仙人洞烧制陶器的方法尽管原始，只能烧成圆形的圆底器，但不可小看这万年前窑火烧成的第一件口圆底器，其意义却非同一般。它创造了一个圆的世界。从某种意义上说，人类文明的创造，人类思维的进化，以及人类理性思维的优

中国国家博物馆常设展中国古代历史陈列展第一景：仙人洞情景图

化，得益于陶器的发明与使用。圆可说是万年陶器的一个最重要的特征。

　　陶器的发明和陶器时代的出现，在人类文明史上具有划时代的意义，这是因为它自身具有丰厚的文化内涵和意蕴。人类文明的进步，总是以人类体力的增进和智力的提高为前提条件的。而人类体力和智力又与人们的日常饮食活动有着密切的关系。在没有陶器以前，人们虽然已有了火的保存技术，然而由于人们过着迁居不稳定生活，加之火的不易携带特点，所以大多数情况下人们还是以生食为主。生食一方面不能分解食物中的有机物质，不利于消化；另一方面无法杀死食物中的各种病菌，这些病菌会带来许多肠胃疾病，从而影响到体质的健康。而陶器的出现，就将此前人们偶尔的、不确定的熟食变为了经常的、有规律的熟食，从而全面改变了人类的饮食习惯，使人类获得了均衡的营养，由此促进了人类体质的进化。尤其是熟食对钙、磷物质的分解，使人类的大脑获得了比以前丰富得多的营养，促进了人类智力的加速发展。所以陶器的发明开创了人类使用陶器年代，促进了人类智力的加速发展，是人类文化史上一项伟大创造。虽然石器的发明意义重大，在石器时代人类就已取得了很高的文明成就，然而从整个人类文明发展史来看，石器无论加工工艺多么精细、技巧多么高超、造型多么别致，也仅仅是对自然界现成石料的外形进行改变，且自然界的一些灵长类动物也有简单加工现有之物作为工具的能力。陶器的发明，在制造技术上则是一个重大突破。它既能改变物体的性质，又能比较容易地塑造使用的物体形状。既具有新的技术意义，又具有新的经济意义。它使人们处理食物的方法除烧烤外，增添了煮蒸的方法，陶制储存器可以使谷物、水和液态食物便于存放。因此，陶器一出现，便很快就成为人们生活和生产的必需品。

一位作家说，自古以来人类发明创造的系列中，古陶应排在首位。它的出现远早于其他发明创造，它为人类带来的实际效果和对后世的深远影响，都说明着它是所有现代技术的源头，可以说，如果人类至今还没有陶，那么，至今也不会有电子计算机。

陶器是瓷器之祖，没有陶器的发明与创造，便没有后来瓷器的异彩纷呈和壮丽辉煌。首先，瓷器的出现有赖于陶器的发明；其次，陶器为瓷器的出现做了长期的准备（如工艺、火候、造型等）；再者，瓷器的烧制完全可以看作是在陶器烧制的基础上进行，只是改变了原料，升高了温度，提高了密度，增加了强度。

陶器的诞生，同时标志着人类定居与聚落生活的开始，也意味着文明的创造和传播。在此之前，人们一般过着逐水草居的迁徙生活，食不果腹，居无定所。所以人类在迁徙中创造，也在迁徙中流失。陶器的出现，使人类有了相对稳定的生活，从而更加有利于文明的创造。同时，由于陶器可以将水运到相对较远的地方并加以贮存，人们就可以在离水相对远的地方建立自己的居住地；陶器又可盛放人们剩余而又不便携带的东西（比如植物的籽、种子）运到远方去交换。总之，陶器出现是人类文明史上的大事，它不仅意味着人类文明质的飞跃，而且在人类古老而灿烂的文明中，中国陶瓷文明以其魔幻般的魅力成为世界文明的翘楚，再没有比西方人以瓷器（china）来象征和解释中国更能说明问题了。然而，对于中国20000年的陶瓷文化，对于先人们何时开始了泥土与火的烧造、何时完成了由陶器到瓷器的技术进步，除了有关专家学者，现代人却知之甚少。

（八）找到一个保留和记录着人类完整文化演进的有丰富内涵的地层

中美联合考古首要收获就是完整地揭示了仙人洞与吊桶环遗址的地层堆积，科学地证实两洞穴处于同一地理单元，它们之间有着极为密切的内在联系，应属于同一聚落人群的先后两个活动地点。两洞穴的地层堆积涵盖了从旧石器时代晚期到中石器时代（或称旧石器时代末期）再到新石器时代早期的完整地层序列。也就是说，它提供了一个研究人类如何从旧石器时代过渡到新石器时代的完整文化演进的地层。这种科学完整的地层堆积，从目前已知的考古资料看，不仅在中国罕见，在世界也是少见。

考古地层学指出"最早的地层首先形成，最后的堆积距今最晚"的地质规律，认为考古地层中的文化层也是依次叠压，排列有序，逐渐形成的。

考古发掘不同于掘地挖宝，是一项十分严谨的科学工作，田野工作的科学准确性，是考古研究工作的基础。因此，它有一套近百年来由地质学家创造、各国考古学家总结出来的揭示"地书"的发掘规程。古代堆积由下而上即从早至晚堆积而成；而考古发掘则从上往下，即从晚至早而揭开"无字地书"的历史信息。根据考古经验判断，仙人洞先民

无字地书：仙人洞西区下层文化堆积

古代活动场所就在洞口。从当年两次考古发掘的情况看，仙人洞在上万年的尘封下，原始文化堆积完整地保存下来了，尤其是洞口的中部偏东方向，至今可见高出地面约0.8—1.6米、占地面积约30平方米的原始堆积，与洞顶弧相接，至今未遭受破坏，展示出极为完整的地层序列，这种文化堆积景观非常少见。

1995年秋的第二次中美合作发掘，是为进一步完善对地层学、年代学的取样标本的科学可靠性作全面探索。中方考古队队长严文明教授十分兴奋地说："这是目前所见中国旧石器时代末期向新石器时代早期过渡地层关系最为

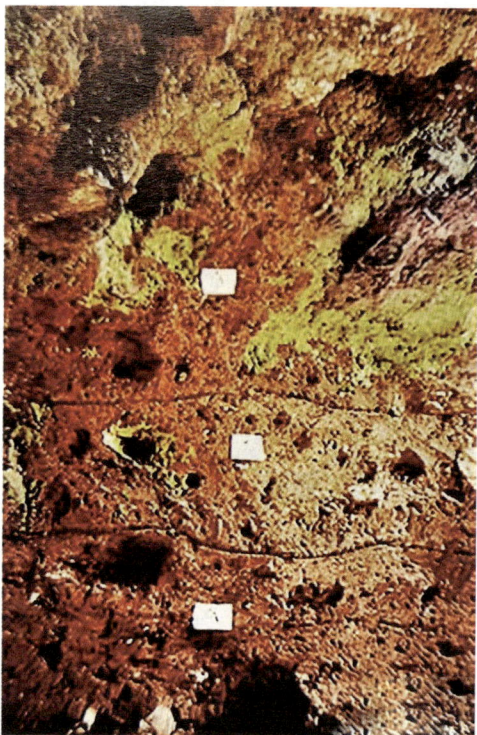

无字地书：仙人洞西区上部文化堆积

清晰的地点。多少年来，不但中国，世界考古学家们都在苦苦追寻有两大时代相承接的地层，且文化面貌既有传承关系，又有新时代到来人类赋予它新的文化面貌。"好在至20世纪90年代中期，在中美联合农业考古学家们的共同努力下，终于在中国的江西省万年县的仙人洞与吊桶环两洞穴遗址找到了从旧石器时代晚期经中石器时代，再到新石器时代早期的完整而清晰的地层堆积。具有如此典型地层堆积的洞穴，不仅在中国就是在世界范围内也是罕见的。

世界历史学家、考古学家们深知，要探索描绘人类无文字记载的原始社会史，须依赖于寻找该时代的文化遗存，通过文化遗存所包含的历史信息，去捕捉那段时期人类社会发展的规律及各自的文化创新特征。尽管远古时代离现在年代久远，但人类却充分吸收了原始时期创造的文明成果，不断地创新发展。

从考古发现看，至今还没有哪个洞穴能像仙人洞与吊桶环一样如此清晰地反映两大时代地层关系，且具有上、下两大文化堆积的地层叠积成因明显不同，同时又文化内涵丰富，相互衔接跨越不同历史时代。仙人洞与吊桶环保留了20000多年以来没有自然和人为的破坏、准确又清晰的地层关系记

吊桶环地层堆积

吊桶环考古现场

录，对于人们在没有文字记录的情况下，解读那段鲜为人知的重大历史变革是多么值得庆幸！

　　仙人洞与吊桶环遗址完整的地层关系证据记录着人类从旧石器时代向新石器时代经济生活方式的转变，科学考古找到了记录人类生活历史变化的"无字地书"，这是一部人类文明起源的编年史，是改写中国历史和世界历史的大发现！

（九）仙人洞位置特别

　　仙人洞是早期人类极为理想的栖息之所。它位于万年县东偏北约 12 千米，地理坐标东经 117°14′、北纬 28°42′，这里群山环抱，形成葫芦形大源盆地。盆地东西长约 4000 米、南北宽约 1000 米，北面是石灰岩构造的大、小荷山，相对高度在 50—300 米之间，南面是洞口、大源盆地，东面有条大源河流经仙人洞旁。石灰岩溶洞发育，经过漫长的地质时期，山体裂隙流动的水可将石灰岩溶蚀，以致塑造出各种地下景观。世界上经发现人类的早期居址均在石灰岩洞穴内，因为这种洞穴冬暖夏凉，适宜人类居住。但并非所有山体的洞穴都适宜人类居住。

天然洞穴是人类历史上第一种规模最大也可能是最为普遍的居室，它们为人类提供了虽不完美但相当切实有效的遮风避雨、躲避虫兽之害的安全场所，人类因此而受益无穷。最突出的标志是洞穴居民通过充足的休息而得以养精蓄锐，从而转化为获取生活资料以及生养后代的能量，进而促进了人口数量的增长与人口质量的提高，原始生产力以较快的速度发展，这些为后来开拓创新出一系列人类原始文明成果奠定了基础。

"仙人洞"这个名称，在东南亚的石灰岩溶洞穴被广为应用。由于洞穴形成年代久远，人类的童年时代只能选择自然洞穴栖息生存。世界各地的古人类化石，大都在此类洞穴被发现。随着社会的发展，后人离开洞穴，迁徙到河流两岸的台地或丘陵山冈营建居室，发展成原始农业部落，他们将祖辈世居的洞穴称为"先人洞"。千百年来，由于宗教的渗入，加之"先"与"仙"谐音，人们又将这类洞穴冠以神话般的名称——"仙人洞"。

地处鄱阳湖的江西亦有两处"仙人洞"。一处在庐山。20世纪60年代，伟大领袖毛泽东，面对当时错综复杂的国际形势，登上庐山著名的风景区，以政治家、诗人特有的气质，写下了气势豪迈的登庐山七绝："暮色苍茫看劲松，乱云飞渡仍从容。天生一个仙人洞，无限风光在险峰。"这首诗，在那个红色年代又被谱曲，广为传唱，人们因此对"仙人洞"这个名字留下了深刻印象。后来，江西另一处仙人洞亮相登场，随即引起了史学界、考古学界的关注和重视，考古成果震惊世界，那就是位于鄱阳湖东边的赣东北万年县大源镇源头村的仙人洞与吊桶环遗址。

历史竟然如此巧合，以"万年"冠名的这个县建县历史才500多年，竟是地名万年与时间万年前稻作与陶器的发祥地！也是人类文明起源的地方之一！

仙人洞人是从狩猎采集为主的部落，发展成为以农业为主的聚落。当农业产生之时，人类从洞穴走向靠近河流的丘陵平原，一方面靠利用先天自然资源，另一方面通过人类的智慧和创新能力，驯化野生植物。野生稻的香甜味，令人百食不厌，驱使人把它驯化并大面积种植，是人类历史上最为可靠、最能传之千秋万代的食物。水稻种植使人类脱离野蛮时代，逐步进入文明时代，这是具有何等重要意义的创举！

（十）最重要的收获

《仙人洞与吊桶环》遗址考古报告的结论指出：仙人洞、吊桶环遗址从旧石器时代向新石器时代的过渡是渐变式的。其中最为重要的是经济生活方式的转变，主要包括从以狩猎大中型哺乳动物为主的生计方式，到盛冰期逐渐增加狩猎其他灵活动物的比例，增加采集植物食物的比例，以及随之而来的石器和骨器种类的变化、陶器的出现和磨制石器的出现等相关文化内容的转变。虽然植硅石的研究表明至少在盛冰期已经开始利用稻属植物，但还不能最终确定已经开始有农业的产生。这种清晰的变化在中国从旧石器时代晚期向新石器时代早期过渡的遗存中是不多见的，这是仙人洞和吊桶环遗址发掘和研究的最重要收获。

考古报告还指出，1998年再次对吊桶环遗址的深度发掘最主要的收获是，揭示了其底层的原始人类生活环境，其底层与上层不同，上层为通透式，两侧钓弧壁，而其底部环境则完全不同，四周均为边缘，深达2.5米，形似半地穴式，为与仙人洞的关系提供了全新的资料。

历时30多年的5次考古发掘，把仙人洞与吊桶环遗址的历史文化遗产价值推到一个前所未有的高度。这一旷世发现，让万年仙人洞和吊桶环遗址的考古项目几乎囊括了我国考古学界所有的桂冠。1995 年获国家文物局首届田野考古二等奖、中国十大考古新发现、"八五"期间中国十大考古发现；2001 年中国 20 世纪百年百大考古发现；2010 年江西"万年稻作文化系统"被联合国粮农组织和全球环境基金授予"全球重要农业文化遗产"；2013 年 2 月，美国《考古》杂志评为 2012 年全球十大考古发现；2016 年，国家教委将其写入中国历史七年级上册初中历史教材；2021 年 10 月，在中国现代考古学百年之际，被评为"百年百大考古大发现"。

考古报告给了我们许多解答和启示。10000 余年前，这条道路打开了，我们的祖先开始把攫取经济转化为生产经济。他们驯化栽培作物，驯养家畜，把人的因素带到自然界的生态平衡中去，这就是"食物生产的革命"或称"农业革命"，由此引起了人类社会生活的一系列变革，最终使人类逐渐步入了高度文明社会。

六、专家学者的评说

稻作农业的起源是全世界考古界探索的重大课题。目前我国这项课题的研究还处于实证层次，即以寻找最早的稻谷遗存来确定稻作农业起源的时间和地点。学界倾向于把稻作起源看作是人类的创造。

20 世纪 70 年代浙江余姚河姆渡遗址出土了距今 7000 年

的稻谷，学界认为长江下游是稻作起源的中心，并写进我国历史教科书。1988年在湖南澧县彭头山出土了7800年至9000年前的栽培稻，学界又将稻作起源的中心移到了长江中游。与此同时，河南舞阳贾湖遗址也出土了7000年至9000年前的稻谷。1993年起，在湖南澧县八十垱、道县玉蟾岩陆续出土了炭化稻谷，后者年代可达10000年以上。此外，浙江萧山跨湖桥遗址和浦江上山遗址也分别出土了8000年前到

2010年6月，江西"万年稻作文化系统"被联合国粮农组织命名为全球重要农业文化遗产保护试点

10000年前以上的稻谷遗存。那么，稻作究竟起源何处？

著名考古学家严文明教授在《农业发生与文明起源——中国史前的稻作农业》一书中对中国史前栽培稻遗存作过统计，"从1954年首先发现湖北京山屈家岭遗址的稻谷稻壳遗存以来，直到1993年底，中国史前栽培稻遗存的出土地点已达146处"。这些史前稻谷遗存的年代，最早的湖南澧县彭头山、李家岗等彭头山文化遗址都在新石器时代中期，约为公元前7000—前5000年。到1993年、1995年，这方面的考古又有新的突破。湖南省文物考古研究所在道县玉蟾岩进行2次发掘，先后发现4粒稻谷壳，经测定的年代为公元

美国《科学》杂志发表赵志军博士《中国万年仙人洞与吊桶环考古成果》专稿

前 10000 年以前，是目前所知世界上最早的稻谷遗存之一。再由中国和美国学者组成的农业考古队，也分别于 1993 年、1995 年在江西万年县发掘了仙人洞、吊桶环两个遗址，出土的稻属植硅石遗存，其年代约在距今 14000 年至 11000 年之间出现共存的野生稻和栽培稻植硅石。早在 12000 年前的更新世末期野生稻被作为食物采集，在吊桶环遗址发现的应是

美国《科学》杂志发表《仙人洞与吊桶环》遗址考古报告

现今所知年代最早的栽培稻遗存之一。

严文明教授根据各地稻作遗存分布的年代及其发达程度，将史前稻作分为3个阶段：（1）萌发期，相当于中石器时代到新石器时代早期，大约在前15000—前9000年间。（2）确立期，相当新石器时代中期，约为前9000—前7000年间。（3）发展期，相当于新石器时代晚期，约为前7000—前5000年间。

中国农业有悠久的历史，有许多重要的成就，从而支持了中国古代文明大厦的建立与发展。但中国农业究竟是什么时候发生和怎样发生的，知晓的却很少。近年来的考古研究表明，中国的农业至少可以追溯到公元前10000年以前，并且有两个起源中心：华中的长江流域是稻作农业的起源中心；华北的黄河流域是粟作农业的起源中心。以后在这两个起源中心的基础上发展成两个相辅相成的农业体系，这在世界上是独一无二的。

美国安德沃考古研究基金会马尼士在美国出版的《中国万年仙人洞与吊桶环》考古报告中写道：美国安德沃考古研究基金会，征得了中国文物局的允许，从1993年到1995年和北京大学、江西考古研究所联合进行了一项考古研究工程，这个项目确定以后，调查考证了原始稻作——这是中国的一项伟大贡献。"我们努力作了前期准备工作，主要考古挖掘了两个层岩洞，王洞（即吊桶环遗址）和仙人洞，它们给了我们一个概貌，即从旧石器时代晚期到整个新石器时代中期的农业文化发展情况。我们试将距今 40000—17000 年以前的旧石器时代前期，假定为扬子江时期。那个时代有了薄片石刀，船形石核、骨斧、骨头和贝壳工具，人们主要依赖狩猎、采集野生植物（包括野生稻）为生。然后进入到旧石器时代末期，进而达到中石器时代初期阶段，即大约距今 17000—13500 年以前，当时大源（即仙人洞遗址）仍有薄石片工具、骨头和贝壳工具，但是增加了石锤和石斧，仍然有类似的生存方式，但是采集植物已经大大地增加了。""这是中国对世界作出的伟大贡献！""通过仙人洞和吊桶环的发掘以及多学科的检测，发现了许多以前没有人知道的旧石器时代的事，这个我们不曾了解的时代，是农业考古发现了第一次人类稻作栽培的证据。通过国际合作调查，我们可以再写中国历史的一部分。"

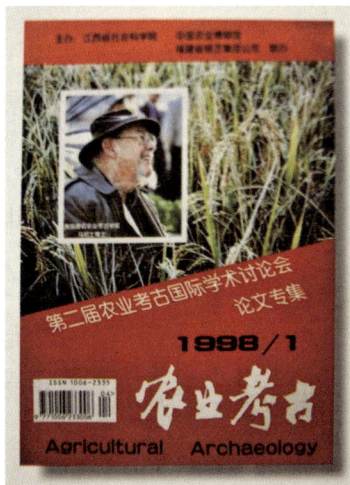

第二届农业考古国际学术讨论会论文专集

我国著名考古学家、北京故宫博物院原院长张忠培在《1949—1999 年中华人民共和国重大考古发现》一书的《新石器时代》一文中指出：万年仙人洞遗存的文化面貌，相当原始，年代应早于老官台文化。这一发现显示鄱阳湖地区是中国新石器时代文化的一个发源地……

这些重大的发现均反映了中国新石器时代质的和阶段性的变化，是探讨中国文明起源和形成的重要发现。这里仅就它们的重要意义，如万年仙人洞与吊桶环、玉蟾岩考古，由于它们的发现，可把植稻农业及陶器的起源，以及新石器时代的开始，明确推到公元前万年以上。

北京大学考古文博学院原院长赵辉教授在《中华文明探源工程文集——社会与精神文化》一书中说：在中国大地上，大约在 10000 多年前出现了农业，这为人类社会的发展奠定了长远的基础。伴随着经济技术的发展，社会生活的方方面面也逐渐变化。

赵辉教授认为，湖南道县玉蟾岩和江西万年仙人洞，都是从旧石器时代晚期起就有人居住的洞穴遗址。遗址附近既有山地，也有平坝湖沼，环境多样，是从事广谱采集经济的理想环境。在仙人洞的旧石器时代晚期文化堆积中，发现了数量众多的野生稻植硅石，时间稍晚的地层堆积里，开始出现具有栽培稻形态的植硅石。考古证据反映出人们对野生稻逐渐认识、利用，进而主动驯化栽培的过程。碳十四测年数据表明，人们开始栽培水稻的时间至少在距今 12000 年以前，这是目前世界范围内已知最早的稻作农业证据。由于它的发现，可把植稻农业及陶器的起源，以及新石器时代的开始，明确推到公元前万年以上。

著名考古学家裴安平教授认为，人们日益注重考古发现的价值。考古发现不再是一群没有确切年代的无足轻重的历史沉渣，而是逐渐成为左右人们视线的物证，成为生物学、遗传学的直接研究对象。认识和理解考古发现的意义已成为真正揭开稻作起源历史之谜的金钥匙；与此同时，任何生物学、遗传学关于稻作起源的观点和认识也都要接受考古学的检验。

根据在仙人洞与吊桶环出土的植硅石分析，从距今 1.7 万年前开始就出现了大量的野生稻植硅石。由于多数是稻谷颖壳上的类型，所以有专家认为这是人类最早食用的证据。

中国工程院院士、杂交水稻之父袁隆平在"沧海论坛——稻米产业绿色安全可持续发展"学术研讨会上指出，"中国是文明古国，这种文明始于农业文明和水稻种植。野生稻许多国家都有，但是最早将野生稻驯化为栽培稻的是中国，科学的历史考证证明，江西万年是当前发现的最早种植人工栽培稻的地方"。并亲笔题写下了"野稻驯化万年之源"八个大字。

七、从百年追问到"万年"

从 1921 年瑞典学者安特生在仰韶村等遗址的发掘，到 1926 年中国第一代考古学家李济在西华阴村的发掘，作为中国史前考古学诞生的标志，再到 2002 年国家启动的"中华文明探源工程"，直到今天已有百年。多少中国人、多少考古工作者、多少考古学家百年探寻，百年追问，在中国大地究竟发生了什么？我们的祖先何时点燃文明的火光？这些问题困扰了中国学术界近百年，今天以科学考古来印证古史有了许多清晰、可靠、科学的答卷。

从百年考古到发现"万年遗址"，从"万年遗址"追溯万年文明，中华文明探源工程有了新成果，万年仙人洞与吊桶环遗址考古揭开了中华文明万年的历史，江西省万年县是人类万年文明的重要发祥地，是文明曙光升起的地方。这是"万年"的发现，是江西的荣耀，中国的骄傲，世界的惊喜！

女作家梅洁在参加"万年笔会"后写道："走进万年，才知道万年有多么古老；走进万年，才清晰万年是怎样漫长。"这也是一句肺腑之言。

当一个物种、一种发明创造、一种人与兽分别之象征在 12000 年前、20000 年前和绝对年代 25000 年前在这片土地上出现时，你会对我们历史教科书上以及民族心理整体认知上的一个定义"中华五千年文明"发出多少质疑？人类文明到底该从何时开始纪年？在地球的洪荒年代，万年前究竟发生了什么？在人类还处在茹毛饮血时，万年人发明创造了什么？走在万年的土地上，所有的质疑、追问、遐想都从遥远的空蒙中弥漫而来。

1995 年，便有了令整个世界惊叹的发现——这里是世界稻作起源的故乡，是世界农业文明的发祥地！当这一发现被中美科学家一起通报给世界，当它被评定为中国十大考古新发现，当它进入中国 20 世纪百年百大考古重大成就时，这儿——江西万年，便已经成为中华民族温暖的故乡，也同时成为人类共同的故乡。今天生长于遍野的农作物，从野生到栽培，这一伟大的文明进程有着怎样的真相？对这一命题的探究，挂念在"以食为天"和享受着现代文明的人们心头。许多年来，稻作起源究竟"源"起何处，考古界一直争论不休。直到 20 世纪 50 年代初，国外学者仍大都认为稻作起源于印度，距今约 5000 年历史，而后再传至中国，再传至日本。50 年代末期，"华南起源说"开始在中国占主导地位；进入 70 年代，"云贵高原起源说"异军突起；到 80 年代，随着中国考古界的一系列重大发现，浙江河姆渡、江苏草鞋山、湖南彭头山等多处皆发现了 7000 年左右的稻作遗存。90年代初，湖南玉蟾岩发现了两颗 10000 年前的稻谷炭化实物，经科学鉴定，其中一粒为人工栽培稻。然而，此粒稻谷植硅石年代虽然久远，但毕竟只有一粒，属于孤证，凭证不足。1995 年，参加万年仙人洞与吊桶环遗址考古发掘者、植物考古学家赵志军，通过植硅石和孢粉等科学检测，发现了 12000 年至 14000 年前的野生稻植硅石标本和 12000 年的栽培稻植硅石标本。这是迄今发现的世界最早的人工栽培水稻。这一发现将世界稻作起源提前了 5000 至 7000 年！

站在大源仙人洞、与吊桶环遗址前，想象着已经远逝的万年，想象着在这深邃神秘的洞窟里，在这竹木葱茏的山水间，祖先们在这里千年万年地走过，想象着在这片土地下层层叠压的远古文明与辉煌……

人类从寂然沉睡、混沌未开、茹毛饮血的自然状态到成为"有思维的自为存在"，其间经历了几百万年。而这种自为存在的标志，则是"人把自己的生命活动本身变成自己的意志和意识的对象"。在古老的万年，人类的意志最早实现了，人类意识的对象——第一只陶罐出现了，人类最早的泥与火的烧造物诞生了！至此，人类文明开始大踏步前进！

人类学家摩尔根指出：蒙昧—野蛮—文明这三个段落，是人类文化和社会发展的普遍阶梯。人类对蒙昧与野蛮的决战，已经历了千万年至今还在经历着，蒙昧和野蛮未绝，与文明的决战不休。在千万年文明与蒙昧野蛮的决斗中，文明已伤痕累累。由此，文明也就更显得弥足珍贵。是的，祖先们最早的创造从万年在地下掘出后，一直作为一种文明的骄傲被搁置在都市的一座房子里，祖先们的生命信息静静地在这座房子里弥漫、氤氲，房子外是车水马龙、高楼如林的现代文明。可当现代文明回转身来遥望那只 20000 年前的陶罐时，能向那些弥漫、氤氲的生命回说些什么？有一位学者曾说："在早先的几个世纪中，人们同他们所发现的那个世界打交道。但在我们这个世纪中，我们必须同我们造成的这个世界打交道。"是的，祖先们历经千辛万苦发现并创造了这个世界，可他们的子孙已开始在新的蒙昧与野蛮中损害着这个世界。在历史发展的漫漫征途中，人类曾因征服自然的斗争而在自然面前站立了起来。今天，人类又以对自然的肆意讨伐而在自然面前一个个倒下。正如 100 多年前恩格斯所警示的那样："我们不要过分陶醉于我们人类对自然界的胜利。对于每一次这样的胜利，自然界都对我们进行报复。"

古老的万年，你怎样承载文明这一沉重的悖论？

八、从"万年"追问到现代

文明的曙光从哪里来？现代文明又会到哪里去？追问了百年的话题终于追到"万年"，又从"万年"追问到现在。

考古学家将埋藏于地下的古代遗存发掘出土，将尘封的历史揭示出来，将对它们的解读和认识转化为新的历史知识。"万年"文明的曙光从哪里来，仙人洞与吊桶环遗址科学考古给出了清晰的答案。

已年过 90 多岁、一生从事考古教学和研究的严文明先生在他写的《追寻中国文化的根》一文中告诫我们：人类的历史有几百万年，进入文明社会的历史只有几千年。而且世界上最早进入文明社会的地方只有很小的几片，四大文明古国面积的总和还不到全球陆地面积的百分之一。可是就在这几个古老文明产生之后，人类社会便大大加快了前进的步伐，不断地改变着世界的面貌。总之，现代文明已经极大地改变了世界的面貌，使之更适合于人类的生存和发展。可惜事情总是伴随着相反的一面，今天人们面临着比任何时候都严重的危险，因为现代文明的能量已经发挥到如此之大，稍不慎就会酿成灭顶之灾。这使得人们不得不更加理智地面对现实和思考自己的未来。人类文明到底会走向何方？我们的前途和命运将会是什么样子？我们虽然不能未卜先知，却可以从历史的演变中寻求必要的启示。事实上从文明诞生之日起就存在着建设与破坏、正义与邪恶以及光明与黑暗的斗争，人类总是能够克服前进道路上的一切困难，让文明的火炬永不熄灭，越燃越亮。

第二篇　千年瓷都

——景德镇在世界历史文化遗产中产生的影响和价值

文化遗产是人类在社会历史实践中创造的具有文化价值的财富遗存，它包括了人类在社会历史实践中所创造的物质财富和精神财富。文化遗产是人类改造自然的产物，它反映了历史上人类与自然之间的关系及其发展，是人类改造自然的见证。通过对文化遗产的研究探索，我们可以窥见人类自诞生以来的生活面貌。文化遗产是人类在历史上创造的，是人类过去生产生活的反映，具有不可再生、不可循环的特点，一旦消失就可能永远不能再现。因此，对文化遗产的保护意义十分重大。

今天我们就来探讨人类社会在千年时空里，最具独特性又最具影响力的历史文化名城景德镇，认知它在世界历史文化遗产中产生的影响和价值。

一、景德镇地理及其发现生产瓷器的宝藏

景德镇地处江西省的东北部，西濒鄱阳湖，北靠长江，属中亚热带湿润气候，阳光充足，雨量充沛，四季分明。全境山峦起伏，森林茂盛，河川纵横。全市土地面积5270平方公里，山地占全市面积2/3以上，总人口170多万，现辖乐平市、浮梁县、珠山区和昌江区。

景德镇位于偏僻的山区，西北与安徽省东至县交界，南与万年县为邻，西同鄱阳县接壤，东北倚安徽省祁门县，东南与婺源县毗连，坐落在两省八县市的交会地。

景德镇全境处于黄山、怀玉山余脉与鄱阳湖平原过渡地带，属典型的江南红壤丘陵区。地势由西北向东南倾斜，西北山峦高峻，东南丘陵起伏，中间为河谷盆地，并夹有面积不大的平原。市区内最高峰五股尖与安徽省休宁县接壤，海拔1618米。景德镇水资源丰富，大小溪水纵横交错，其中，较大的北河、东河、南河及小南河蜿蜒山间，注入昌江。昌江发源于安徽省祁门县以北大洪山，呈北南走向，全长253公里，在西南90公里处注入鄱阳湖，再连接长江，最后经长江出海。千百年来，景德镇凭借着昌江的一泓之水，上溯祁门、婺源，下抵鄱阳、浔阳，进长江，通外洋，将其精美的瓷器远销到大江南北以及世界各地。

景德镇市山地占69%，森林茂密，盛产马尾松、杉树、杂

树和蕨草类植物。马尾松油脂多，火焰长，耐久燃，适宜作
烧窑燃料。窑柴分为松柴和槎柴两种，其中，松柴多顺水漂
流至镇，故当地称松柴为"水柴"，水柴多用来烧制细瓷；槎
柴为松枝或其他树种的杂枝，主要为船运，故又称为"船
柴"，船柴一般用来烧制粗瓷。千百年来，漫山遍野的窑柴，
为景德镇烧窑业提供了充足的燃料，极大地促进了景德镇陶
瓷生产的发展。

景德镇盛产丰富的瓷用原料，有瓷石、高岭土、釉果、釉
灰、耐火土等制瓷原料40余种，其中，瓷石、高岭土采矿点
达169处之多。这些原料产地离景德镇市区近者数里、数十
里，远者不过百里。

瓷石是一种石质原料，由石英、白云母以及少量的长石、
方解石等矿物组成，多呈灰白色或灰青色。瓷石经过粉碎、
淘洗后制成的砖状土块，景德镇俗称为"白不（音 dun）"。
白不具有一定的可塑性和干燥强度，可以单独成瓷，烧结后
呈白色。景德镇进坑、湖坑、牛角岭、界田、寿溪坞、寿安
等地自古均盛产瓷石。南宋蒋祈《陶记》记载："进坑石泥、
制之精巧，湖坑（今三宝蓬）、岭背、界田之所产已为次矣。"

高岭土是一种三氧化二铝含量较高的疏松的软质黏土，
因盛产于景德镇以东瑶里镇东埠村高岭山而得名。它以洁
白、细腻和耐火性强而著称，是制造瓷器坯胎的重要原料之
一。但是，它不得单独制胎，只能按比例地掺入瓷石中混合

高岭土命名碑

使用才能制瓷。高岭土最早被发现于元代瑶里麻仓山，至明万历初年，麻仓土枯竭，改用东埠高岭的高岭土。明代宋应星《天工开物·陶埏》记载："土出婺源、祁门两山：一名高梁山，出粳米土，其性坚硬；一名开化山，出糯米土，其性粢软。两土和合，瓷器方成。"高岭土的发现与利用，是世界陶瓷工艺史上的里程碑。1712年，法国传教士昂特雷科莱来景德镇后，将高岭土介绍至欧洲，后德国地质学家李希霍芬将高岭土译成"kaolin"，从此，高岭土成为世界制瓷原料的通用名称，也为景德镇生产的瓷器打开了通向世界的大门。

釉果是一种耐火度较低的瓷石，不宜制胎，常用于配釉，而且是配釉的基础原料。它以瑶里釉果为最佳。瑶里镇全境不同地段的釉果，其质量等级存在着较大的差异，主要分为"头色""二色""麻土""土渣"四个级别。

　　景德镇这座古镇地下蕴藏的瓷石和瓷土矿藏，以及辖区内丰富的水系和林木资源改变了它的命运。千百年来，它吸引周边诸县众多面朝黄土背朝天的农民，扑向这个偏僻的小镇，与高岭土变幻而成的白色"精灵"相伴一生。甚至连全国诸多产瓷地的能工巧匠，也先后会聚于此，施展才艺，落脚谋生。本土籍瓷工和外来工匠、艺术家的共同拼搏推动并促进了景德镇制瓷工艺的发展兴盛。于是，古镇渐渐名扬天下，领受着各方制瓷业"诸侯"的朝拜，使不值钱的一方泥土，绽放光芒走向世界。

二、景德镇历史沿革变迁及瓷都形成

　　景德镇最早称新平镇，到宋朝真宗之后才称为景德镇。春秋时期属楚国东南境；秦朝隶属九江郡番县；西汉高帝五年（公元前 202 年），番县改称鄱阳县，隶属于豫章郡；三国时，东吴孙权又从扬州分立鄱阳郡；东晋元康元年（公元291 年），割扬州、荆州十郡置江州鄱阳郡；陶侃（陶渊明之父）为维护东晋王朝的统治，曾"擒江东寇于昌南"，遂设镇于此，名新平镇，意为新近平安之地。因新平镇位于昌江之南，故又称昌南镇；隋朝改鄱阳郡为饶州，镇属之。唐朝武德四年（公元 621 年），安抚使李大亮请撤鄱阳县置新平县，武德八年（公元 625 年）复又并入鄱阳；天宝元年

（公元 742 年），更名浮梁县。

　　从唐代至清代，景德镇一直是浮梁县的辖地。1912 年，中华民国建立，景德镇属饶州府浮梁县，县治在浮梁县旧城。1914 年，江西省划分豫章、浔阳、庐陵、吉安四道。景德镇属浔阳道浮梁县。1926 年，道废，县属江西省，景德镇从浮梁县析出，置景德镇市。1927 年，成立景德镇市行政公署，设市政委员会。1928 年初成立市政府，1929 年撤销景德镇市建制，恢复镇建制。1932 年，属全省 13 个行政区中的第四行政区。1935 年后属第五行政区。民国时期景德镇城区分别设一、二、三、四镇公所。

景德镇铭石牌坊

1949 年新中国成立，景德镇才从浮梁县分离出来，单列成市。1958 年 10 月，浮梁县从上饶地区划入景德镇市。1960 年，浮梁县制撤销。1983 年，乐平县从上饶地区划归景德镇市管辖。1988 年 11 月，浮梁县制恢复，仍属景德镇市。现在，景德镇市下辖珠山区、昌江区、浮梁县和乐平市。

据史书记载，景德镇生产陶瓷的历史长达 2000 多年，自汉晋开始，窑火始终不断，技艺代有超出，彰显出瓷都人的勤劳及智慧。在中国制瓷史上，浓墨重彩地写下了辉煌的篇章，为人类文明作出了巨大的贡献。而景德镇精美的瓷器、精湛的制瓷工艺随着江河湖海上的风帆传播到世界各地，也为它赢得了世界瓷都的美名。

景德镇陶瓷享誉全世界，历史上是官窑生产之地。民国时期曾与广东佛山、湖北汉口、河南朱仙并称全国四大名镇。景德镇是国务院首批公布的全国 24 个国家历史文化名城之一和甲类对外开放城市，是江西省重要的旅游与工业城市，中国直升机工业的摇篮，世界瓷都。

景德镇制瓷初始于唐代，至宋代突飞猛进，成了青白瓷窑系中的杰出代表。元代，全国各地窑场纷纷走向衰落，而景德镇制瓷业不断创新，独领天下。这为瓷都形成奠定了雄厚的工艺基础。明代，御器厂设立，刺激了景德镇制瓷技术的进步，同时，一些散落在四乡八坞的众多民窑场向城区御器厂周边聚集，相继建立起手工制瓷大工场，景德镇呈现出

"官民竞市"的繁荣局面，形成了全国制瓷中心。国内外瓷器商人纷至沓来，景德镇于是又成了世界陶瓷贸易中心。天时地利人和，使得瓷都地位最终确立。景德镇成为世所公认的陶瓷之都，与以下天时地利密不可分。

（一）它是一座水土宜陶的城市

如前所述，景德镇具有得天独厚的陶瓷生产自然条件，蕴藏着丰富的矿产资源，其中矿藏量最大的是优质的瓷用原料——瓷石与高岭土；境内水系发达，主流昌江，源自安徽祁门，经浮梁自北向南穿城而过，流入鄱阳湖，四乡有大小50多条河流汇聚昌江，形成了便利的水运网络；山区涧泉溪流密布，水流落差大，是水碓粉碎瓷石最廉价的动力；自然

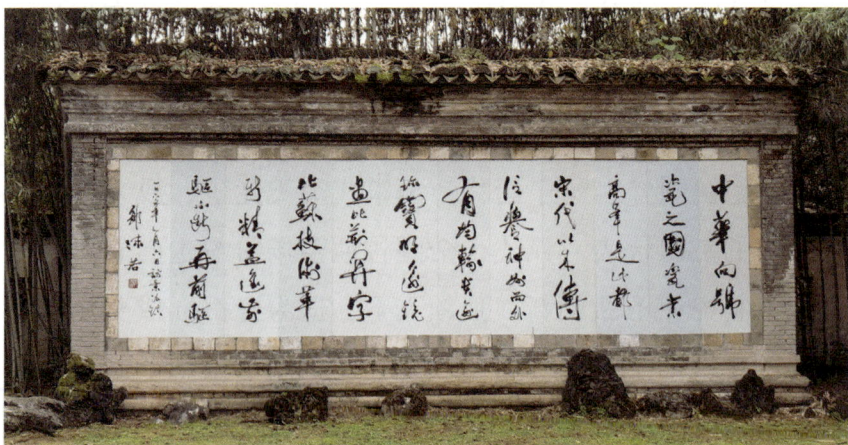

郭沫若题词

植被茂密，木本植物有 95 科 350 种，优势种群马尾松燃烧火焰长，是烧窑的理想燃料。

（二）它是一座以陶瓷业支撑千年繁荣的城市

"新平冶陶，始于汉世。"但是，据考古资料显示，景德镇早在新石器时代就开始烧陶。至唐、五代，景德镇不仅生产青瓷和白瓷，还创烧出晶莹剔透的青白瓷。宋代，景德镇"村村窑火，户户陶埏"，陶瓷业开始从农业中分离出来，成为城市发展的经济支柱。元代，全国各地窑场逐渐衰落，唯有景德镇一枝独秀。明、清两代，御窑厂建立，全国陶瓷中心形成，社会经济日趋繁荣。清代饶州通判、浮梁知县陈清在《浮梁县志》中曾这样描绘当时景德镇瓷业的盛况："景德一镇，则固邑南一大都会也，业陶者在焉，贸陶者在焉，海内受陶之用，殖陶之利，舟车云屯，商贾电鹜，五方杂处，百货俱陈，熙熙乎称盛观矣。"民国时期，景德镇坯房、窑场、红店、瓷行、颜料行、南货店、茶馆、酒楼及钱庄等鳞次栉比，城市经济兴旺发达。同时，随着社会的转型，城市的功能也日臻完备。

景德镇，一个以单一陶瓷产业支撑 1000 多年发展与繁荣的城市，这在中国乃至世界城市发展史上都是绝无仅有的。

景德镇御窑厂

（三）它是一座以帝王年号命名的城市

宋代以来，景德镇以其精美的瓷器闻名于世，一直受到朝廷的重视。宋初，皇家瓷器库就收藏了景德镇的青白瓷，供朝廷使用。景德元年（公元 1004 年），宋真宗赵恒遣官制瓷，贡于京师，底款书"景德年制"，于是天下统称景德镇瓷器，景德镇由此得名，而昌南之名消失。之后，从元代的"浮梁磁局"、明代的御器厂到清代的御窑厂，景德镇先后为皇室服务了 600 多年。由于中央王朝的高度重视与直接参与，景德镇成为全国制瓷规模最大、技艺最高的窑场。

（四）它是一座开放包容与创新创造的城市

　　景德镇位于江南丘陵区，四周的崇山峻岭不仅遍布着丰富的制瓷原料和茂盛的烧瓷燃料，还成为了古代抵御战争、安居乐业的天然屏障。因此，饱受战乱之苦的各地能工巧匠源源不断地涌入景德镇。景德镇一直以海纳百川的胸怀，集天下名窑之大成，汇各地技艺之精华，在借鉴中发展，在发展中超越。

　　毫无疑义，景德镇制瓷工艺的先进，自然倾注

景德镇龙珠阁

了本土籍瓷工们的汗水和心血，但外来能工巧匠的才华展示和技艺革新也为瓷都这顶皇冠的打造立下了汗马功劳。

　　景德镇又是一座创新型的城市。五代时创烧了胎釉洁白的白瓷和"莹缜如玉"的青白瓷，成为江南地区最早烧造白瓷的城市和全国最早烧造青白瓷的地区之一。元代不仅发明了"二元配方法"，还利用波斯的钴料烧制了优雅的青花瓷。明代成功地创烧了华丽的斗彩和鲜艳的五彩。清代新增了色泽柔和的粉彩与五彩缤纷的颜色釉。雕塑工艺经宋、元、明的发展，至清代已十分成熟，从一般的手工捏制，发展为圆

77

雕、堆雕、镂雕、浮雕等各种成型工艺，形成"白如玉、声如磬、薄如纸、明如镜"。至今，景德镇仍然释放出开放包容与创新创造的无穷魅力，融汇着全国乃至世界各地的艺术风格，成为了陶瓷创作者的梦想之城。

（五）它是一座陶瓷体系最为完备的城市

作为我国乃至世界上著名的古代陶瓷之都，景德镇至今保存着由原料产地、交通道路、水运码头、作坊窑场、商铺民居、城池衙署、技艺民俗等物质和非物质文化遗产构成的陶瓷体系。新中国成立以后，它逐渐完成了由传统手工制瓷向现代机械生产的转型，形成了集生产、销售与科研、教育为一体的现代陶瓷工业体系。这在中国是独一无二，在全世

景德镇古代码头遗址，海上陶瓷之路的原点

景德镇御窑博物馆

界也是绝无仅有。

（六）它是一座与世界对话的城市，景德镇自古就是海上丝绸之路的重要起点之一

早在宋、元时期，它生产的瓷器就随泛海贸易的船舶远销东南亚、阿拉伯半岛和东非，输出的国家和地区达50多个。明代郑和七下西洋，景德镇陶瓷文化影响了整个伊斯兰世界。从17世纪下半叶开始，景德镇瓷器在世界各地，特别在欧洲，成为王公贵族夸耀财富的手段，贵重的瓷器被欧洲人称为"白色黄金"。它不仅瓷器遍销海外，而且将其精湛的制瓷技术传播到世界各地。它的制瓷技术先后传到朝鲜、越南、泰国、日本以及波斯，再经西亚和东非，传入欧

泥与火的城市——景德镇城雕

洲。景德镇制瓷技术对世界影响之大，是其他任何窑场都无法比拟的。

景德镇除了拥有精美绝伦的瓷器产品，自然也拥有悠久的制瓷历史和灿烂的陶瓷文化，因此，这座城市常年吸引国内外络绎不绝的瓷商、瓷艺家、学者和游客。他们除了选购称心如意的瓷器用品之外，更想探寻和了解这座城市以一种行业支撑千年的奥秘，以及它源远流长的陶瓷文化，追寻瓷都的起源和发展壮大的轨迹，领略瓷业生产过程，进入瓷的世界。

三、景德镇是一座泥与火烧造出来的城市，其原料和制造工艺日臻完美

自唐宋以来，景德镇瓷业内部分工逐步细化，工序环环相扣，专业化程度日益提高。明代宋应星在《天工开物》中记载："共计一坯工力，过手七十二，方克成器。其中细微节目，尚不能尽也。"

瓷业兴，百业盛。瓷业的发展壮大，促进了与瓷业相配套的行业蓬勃发展。城垣"沿河建窑，因窑成市"，形成"延袤十三里许，烟火逾十万家，陶户与市肆当十之七八"的陶业都会，彰显着瓷业元素的衙署、窑厂、作坊、民居、店铺、寺庙建筑鳞次栉比，成为一座独具魅力的著名手工业城市。

新中国成立后，景德镇城市人口日渐增加，城市规模日益扩大，城市功能日臻完善。制瓷业从单一行业到多元配套，从传统手工到现代机械生产，形成一套集勘探、生产、设计、研究、教育、交流等为一体的最为完备的陶瓷产业体系，成为世界陶瓷发展史上的典范。

（一）陶瓷行业种类齐全

传统陶瓷行业从大类上分有掘瓷土业、制瓷业、匣钵业、烧窑业、彩瓷业（旧称红店）、看色业、包装业以及为瓷业服务的其他主要行业，到民国时期共有八业三十六行。新中国成立后，陶瓷行业有了专门的管理机构，大大小小的私营陶瓷企业和作坊合并组建成陶瓷工厂，生产和管理更加功能化、具体化。

（二）陶瓷原料富有

在古代，景德镇制瓷原料主要分布在南河及东河流域。其品种繁多，既有制胎原料瓷石和高岭土，又有制釉原料釉果和釉灰，还有制匣原料耐火土等，而且蕴藏量巨大，品质优良，其中，尤以高岭土著称于世。

瓷石的开采与加工：古人采石最初是采用露天的竖坑法，即在垂直坑道由上往下挖，将瓷石炸裂，用轱辘车把瓷石吊上地面。但是，此法不便排水和通风，更存在安全问题。后来改用横坑法，即由山的侧面穿一条隧道，隧道内用松木横直撑起，并在顶部开数条通风道。采石时先用草木把瓷石烧热，再浇上冷水，利用热胀冷缩的原理，让瓷石自然开裂，然后再用铁凿将松动的瓷石采下运出，或直接将瓷石炸开。

　　瓷石采运到山下后，碓户先以人工将之敲碎至鸡蛋般大小的块状，再利用水碓把石块舂打击碎成粉末，经淘洗、沉淀去渣、稠化浓缩，然后制成砖形的白不，即可卖给景德镇白土行或坯房。清代唐英《陶冶图说》载："土人藉溪流设轮作碓，舂细淘净，制如砖式，名曰'白不'，色纯质细，制造脱胎、填白、青花、圆琢等器。"

　　高岭土的开采与加工：高岭土最早发现于元代景德镇麻仓山，时称"御土"。元代孔齐《静斋至正直记》载"饶州御土，其色白如粉垩，每岁差官监造皿以贡，谓之御土窑，烧罢即封，土不敢私也。"至明嘉靖、万历年间，麻仓"官土"枯竭，后改用景德镇高岭山的高岭土。明代嘉靖《江西省大志·陶书》载："陶土，出浮梁新正都麻仓山，曰千户坑，龙坑坞，高路坡，低路坡，为官土。"清代乾隆后期，高岭土封禁，景德镇不得已采用外地的高岭土。

　　高岭土是一种疏松的土质原料，开采容易，只要用锄头就能轻易采得，而且主要在露天下开采。当挖到一定深度后才改用巷道采掘，采掘时用木材沿巷道搭起撑架，防止松土塌方及矿毁人亡。

由于高岭土是疏松的黏土，故不须粉碎，只要进行淘洗即可。其淘洗方法为：把高岭土放入水槽口，砂石和粗杂质沉于槽底，而纯净的高岭土则化解于水中形成泥浆液体，继续流向另一个淘洗池，待其干燥后，将稠泥取出晾干，再制成砖状的不子，就可卖给白土行或坯房。

釉果、釉灰及釉料配制：釉果是一种耐火度较低的瓷石，坚硬、淡绿色或灰白色，不宜制胎，多用于配釉。

釉灰是景德镇独特的传统釉用助熔原料，基本化学成分为碳酸钙。其烧制方法为：将石灰石烧成生石灰，淋水消解或自然消解成熟石灰，然后一层热石灰隔一层狼萁草地堆叠煨烧两昼夜，再陈腐数日，即成釉灰成品。釉灰分为头灰和二灰，其中，头灰是指沉淀后的细浆部分，可用来配制粗瓷；二灰是指经尿沤1—2日后再粉碎淘洗所得的部分，多用于配制细瓷。

景德镇传统釉料是以釉果为基础原料、以釉灰为助溶剂按比例调制而成。其调制方法为：先把釉果与釉灰分别浸入两个木制水桶中溶化，再用泥锅按比例分别量出釉果浆和釉灰浆，一块倾入另一个木桶内，充分搅拌均匀，最后加水将桶内的釉果浆和釉灰浆调到适当浓度即可。一般来说，上等釉料中釉果含量高，釉灰含量低，或15盆釉果配1盆釉灰，或13∶1；中等釉料中釉果8盆、釉灰1盆；下等釉料中釉果4盆、釉灰10盆。总之，灰多釉青，灰少釉白，青者入火

古代制陶过程

易熟，白者入火难熟，这是景德镇陶工在千余年瓷器生产实践中总结出来的规律和经验，也是景德镇传统釉料配制工艺的秘诀。

匣钵土及匣钵制作：匣钵土即一种耐火土，分成白土、老土和子土三种，主要出产于景德镇高砂、马鞍山、里村和官庄以及乐平朱家山。做匣时，将三种土调和在一起并用。匣钵成型与拉坯成型相同，都是在辘轳车上进行，而且都是圆形。匣钵实为充分利用窑室空间、确保产品外观质量的一种装坯入窑烧造的容器，分成大、小器匣钵和桶形匣钵二种，其中，景德镇大器匣钵于唐代开始使用，装烧多件较小的圆器；而桶形匣钵只能装烧一件瓶、壶类琢器。

（三）陶瓷制造工艺完备

瓷器之所以能成为"器"，已具备了一定的造型，如碗、盘类的圆器和瓶、罐类的琢器以及瓷板类的镶器，同时使之适应于一定的用途。精者还必须具备较强的艺术性，因此，瓷器成型不但至关重要，而且难度较大，每道工序都要环环紧扣，精雕细琢。传统手工成型流程如下：

揉泥：揉泥工在"码头"（即平整的青石板或长形条凳）上垫一白布，双手用力揉压泥团，搓揉成长条形后，缩短立起，作第二次搓揉，如此反复数次即可。其目的是将泥料中残余的气泡以手工搓揉的方式排出，并使泥料中的水分均匀一致。

拉坯：以碗类圆器拉坯为例，拉坯工坐在坯车上，用竹杖（或木棍）拨动坯车旋转，再将揉好的泥团摔搭在坯车转盘中心，双手蘸水从下往上，将泥团挤成椎柱状，复又往下压成圆柱形，再行拉坯。拉坯时先拉成喇叭口，再一手内一手外地按碗壁弧度拉出碗形，并以竹片校正碗口的大小和碗壁曲线，最后用手指捏断碗底的余泥，斜放在料板上。

晒坯和烘坯：坯做好后，略干燥几天。其干燥方式视不同的天气而分为晒坯和烘坯两种，其中，晒坯是在气候温和、阳光充足的情况下进行，即把湿坯放在晒架塘处的坯架上，晒至半干半湿的状态；烘坯一般在冬季进行，即烘房，用木炭烘烤泥坯。南宋蒋祈《陶记》载："至若冬泥冻脆不可以烧，坯陶既就复不易操，则有火房。"

印坯：属圆器内部的定型工序。明代以前，景德镇采用的是一次印坯法，即把坯体倒扣在模具上定位，以木板拍打坯底，使之紧固，然后双手拍打坯体外壁，边打边转动，使坯体内形与模具完全吻合，再脱模后晒干。明代以后，则改为两次印坯法，其法与一次印坯法相同。

利坯：即用刀具利削瓷胎内外，以琢器利坯为例，利坯工要先利削毛坯外形，后削内胎；先利出粗形，再细修定型，一次成功。但薄胎瓷和玲珑瓷则在荡釉后还要修削。当码头工将坯体蘸釉后，还要剐底，并要利削渣饼。利坯工技术要求高，不仅要熟悉泥料性能，还要掌控器型的曲线变化、烧成中各部位泥料的收缩情况以及各部位蓄泥的厚薄程度，使利削的坯体厚薄适当，表里如一。

补水：先要清扫坯体内外的灰尘和杂质，再用特制的补水笔蘸水刷磨，但要经常换水，保持用水清洁，防止水中带有油渍、污物和混浊泥浆杂质，否则容易产生脱釉毛病。补水既可使坯面致密平整，消除利坯时留下的刀痕和手纹，又可除去坯面的坯屑、粉尘等杂物，避免麻点、针孔、剥釉等釉面缺陷。

画坯：一般都指画青花。对粗瓷和日用的大路货瓷器，大都是采取画、拓等形式，寥寥几笔便绘画而成。而细瓷就大不相同，其画、染分工明确，画者不染、染者不画。画者先用淡墨在坯上画好初稿，再用毛笔蘸上调好的青花料，在上面勾线，然后交给混水工进行染色。而染者先用茶叶水调出浓淡不同的青花料颜色，再用一支桃形的含水量大的毛笔来绘画，画出不同深浅、浓淡的层次效果。混水后，还要车青箍、落底款。

施釉：俗称"剡合坯"。釉，是罩在陶瓷表面的一层薄薄的透明玻璃层，是陶瓷器的美丽外衣。而景德镇传统的瓷釉属灰釉，晶莹剔透，光泽性强，透明度高，给人一种如冰似玉的美感。

清唐英《陶冶图说》载："上釉之法，古制将琢器之方长棱角者用毛笔拓釉，弊每失于不匀。至大小圆器及浑圆之琢器，俱在缸内蘸釉，其弊又失于体重多破，故全器倍为难得。今惟圆器之小者，仍于缸内蘸釉，其琢器与圆器大件，俱用吹釉法。"景德镇施釉方法较多，主要有蘸釉、荡釉、浇釉、吹釉四种。在实际生产中，要视器型、品种与形制之大小或分别采用，或数种并用。

蘸釉：指在坯外的施釉方法，多用于圆器。它是把荡好内釉的坯体用专门的蘸釉工具——蘸釉钩钩住坯体足部，再用手轻压碗内心，将坯体放在釉缸中稍浸一下，但不得浸没口沿，待坯外部吸釉均匀后立即取出。

荡釉：一般指在坯内施釉。其方法是先将釉汁倒入坯内，再端起坯来上下左右摇荡几下，使釉汁均匀地布满器内，又立即将器内多余的釉汁全倒出来。

浇釉：指在坯外的施釉方法，用于大件器物。它是先在釉缸上平放一块木板，再将坯体放木板上，然后双手各执一个装满釉汁的碗，把碗中的釉汁向坯面两个方向淋浇，使坯外四面吸釉均匀。

吹釉：清初，景德镇开始使用吹釉法，它是指在坯外的施釉方法，一般用于琢器及大件圆器。此法是在竹筒口沿蒙上一层纱布，蘸釉而吹，以气息作用将釉汁雾化成微小粒状，渐渐地吹满坯体表面，并且均匀地吸附于坯外。至民国时期，竹筒改成了铁皮筒，但吹釉之法一直未变。

剐坯：剐坯是圆器成型中的最后一道工序。为了画坯和上釉时便于把握，此前圆器都留有 6.5—10 厘米长度的实心坯足。但是，在画坯和上釉工序完成后，就要将坯足切短，并掏空上釉。之后，还要将足底顶端的釉除净，以免烧时粘住匣钵。

陶瓷成型：近、现代陶瓷成型改变了传统手工成型的繁杂，显得简单科学。1910 年，江西瓷业公司鄱阳分厂附设的中国陶业学堂首次使用注浆成型，并推广到景德镇。1931 年左右得到普遍采用，后来演变成真空压力注浆、离心旋转注浆。1932 年，从日本引进刀压成型，1965 年，在刀压成型的基础上向滚压成型发展。20 世纪 90 年代后开始使用等静压成型。半机械化、全机械化成型一般都有作业线生产。

烧成技术：陶瓷被誉为"泥与火的艺术"，因此，烧成是制作陶瓷器最关键的工序之一，无论多么精美的陶瓷坯体，无论多么优良的制瓷原料，无论多么高超的制作技艺，最终都要经过火的考验，都要具备成熟的装烧工艺和窑炉烧成技术。景德镇窑工借助于火的力量，把火的艺术推向了炉火纯青、驾驭自如的境地。

窑炉：景德镇窑炉经历了由低级到高级、从不成熟到成熟的漫长演变过程。从五代的土夯馒头窑到宋元的龙窑，从宋元的龙窑到明代的马蹄窑、葫芦窑和清代的蛋形窑，然后到现代的煤烧圆窑、煤烧隧道窑、油烧隧道窑、焦化煤气隧道窑以及液化气窑和天然气窑等，一次又一次的窑炉形制变革，一次又一次的装烧技术进步，为景德镇陶瓷业的蓬勃发展奠定了扎实的工艺基础。

龙窑：因窑身为长条形倾斜砌筑，如一条火龙自上而下，故称"龙窑"。它一般依山坡而建，目的是利用山体的

龙窑遗址

自然坡度增强窑室的抽力，控制火焰、温度和烧成气氛，并使火焰流向与窑身平行（属平焰式窑），故龙窑基本上不设烟囱，其前端低，为窑头和火膛之地；后端高，为窑尾。它的窑背或两侧沿窑长度方向每隔 1 米左右开一排或一对投柴孔，将燃料投入窑内坯体垛之间的火道中燃烧。龙窑的优点在于：产量大，烧成成本较低，结构简单。但是，装窑、开窑的劳动强度大，而且某些窑位气氛和温度波动性较大，不易控制。

马蹄窑：由直焰式圆窑发展而来，属半倒焰式和全倒焰式窑炉。烧窑点火后，火焰从火膛喷向窑顶，窑顶封闭没有出路，而后壁却因有烟道（即排

馒头窑遗址

烟孔）和烟囱存在吸引力，火焰于是倒向窑室的后半部。这样就延长了火焰在窑内流动的路线和时间，充分利用了热能，而且可以控制温度和气氛。

葫芦窑：是景德镇在元代至清初砌筑的一种窑炉形制。该窑由龙窑演变而来，中部内折，分前后两个窑室，前室高后室低，且前宽后窄，前短后长，形似半只葫芦卧于地面。窑顶有十二个圆眼（即"天窗"），为投柴孔。排烟孔在后壁并有独立的烟囱。火焰从下攻上，火力从上透下。它克服了

葫芦窑遗址

龙窑过长、不易控制温度和气氛的缺点。

葫芦窑体形小，成本也小，适宜民间个体使用，景德镇目前已在湖田、丽阳两地发现明代葫芦窑遗址。

蛋形窑：属平焰式窑，因其形状似半个鸭蛋卧地，故名。又因其烧窑的燃料为松柴，故又称"柴窑"。它是明代后期由葫芦窑演变而来的，一直到 20 世纪 70 年代末都是景德镇烧制瓷器的主要窑炉形式。

蛋形窑由窑炉和窑屋两大部分组成，其中，窑炉建在窑尾的正中间，主要由窑弄、窑床、窑篷、烟囱和窑位五部分组成；窑屋用弯曲、粗大的杂木做柱，楼枋很密，每隔 4—5 米一根；窑屋除中央建造窑炉外，其余的就见铺房、客房、阁楼以及楼下堆放匣钵的"落"。

蛋形窑在构造、砌筑技术等方面，都具有许多独特和巧妙之处，对景德镇陶瓷发展起到了极其重要的作用。

景德镇市西郊古窑瓷厂至今仍然保存着一座完好的清代蛋形窑——镇窑。

煤窑与油窑：景德镇 20 世纪 60 年代开始大量使用以煤为燃料的窑炉，后因能耗高、污染大而弃用，改用重油、轻柴油来作为燃料。

气窑：气窑是以焦化煤气、液化气或天然气为燃料的窑炉，火力强，污染小，适用不同烧成气氛的陶瓷烧制，是 20 世纪 90 年代开始使用得最广泛的窑炉。

各种窑炉的出现，就需要砌造窑炉的工匠，于是诞生了挛窑业。

从元代起，景德镇本地人魏姓就专司砌窑一行，到清代嘉庆年间，该手艺由都昌人学得，后来都昌人又从事补

狮子窑

吉尼斯世界纪录证书

镇窑获世界最大柴烧瓷窑吉尼斯纪录

窑一业。清末，景德镇出现挛窑店。民国时，景德镇有两家挛窑店，一在彭家上弄，一在龙缸弄，都是都昌人余姓经营。挛窑是技术很强的行业，在制瓷的各行业中享有很高的威望。

明白了窑炉的种类后，再来看看烧窑的流程。它又可分为满窑、烧窑、开窑三阶段。

满窑：是把装好坯胎的匣钵搬到窑内按窑位分行码好，并留出焙烧的空间（即火路）。它是烧窑的工序之一，是一项技术性强的工种。"把桩"师傅要根据窑位的不同温度以及陶瓷的品种与粗细精心安排好窑位，一般是前数行是粗瓷，中间为细瓷，后又是粗瓷。然后由专司其责的满窑店和窑工按要求操作。

烧窑：是坯胎烧炼成瓷器的全过程。旧式烧窑一般为一窑16—18小时，分"烧上半夜"和"烧下半夜"两个班次进行。为便于"叫驳"（交接班），窑工要上窑住宿。窑上有一神龛，窑工点火前都要祭拜窑神童宾，祈求窑业太平。烧窑分为溜火、紧火和闭火三个阶段，其中，溜火是指初烧时慢火，使窑内火力平衡；紧火是指加大火力，转入高温；闭火是指瓷器已烧热，停止投柴。"把桩"是全窑的生产指挥者，对烧窑技术全面熟练，又叫"火头"。

开窑：是开窑工从窑内搬出匣钵，取出瓷件和清理窑室，并做好烧窑的收尾工作。开窑一般在歇火后第二天上午进行。

在搭坯户到来之前要揭下挡窑门的三根匣杪和所有小器的杪，摆好开窑凳，各搭坯户的装坯和选瓷人要披着湿麻袋，手戴厚统套，冒着高温进窑去取各自的匣钵，再取出瓷件交挑担工运回。其后，窑里收兜脚工要把每根窑兜的空匣挖起来，收集一块，打杂工要把窑里的匣屑、碎瓷清扫干净，交推窑弄工运往郊外。

（四）陶瓷装饰技艺精美完善

装饰技艺：陶瓷装饰技艺是陶瓷艺术价值得以产生的基础，也是陶瓷制作工艺的一个重要组成部分。所谓陶瓷装饰，是在陶瓷器的表面或坯体上进行艺术处理的加工工艺，它对提高陶瓷产品的外观质量和艺术价值以及丰富人们的物质文化生活等方面起到了积极作用。景德镇陶瓷装饰技艺种类主要有：

胎体装饰：胎体装饰是指在坯胎上用刀具、扦、模块等工具勾勒或翻印出各种图案，再施以透明釉（或不施釉），然后经高温烧制而成的一种艺术加工形式。其手法多样，主要有刻花、印花、剔花、镂空、贴塑等。

色釉装饰：色釉即颜色釉，主要分为低温和高温两种，其中，高温色釉是在石灰釉中利用氧化钙作助熔剂，在1200℃以上高温中烧成；低温色釉是用氧化铅作为助熔剂在700—900℃的温度中烧成。景德镇传统色釉产品有青釉、白釉、青白釉、黑釉、卵白釉、霁蓝、孔雀绿、娇黄、祭红、钧红、郎窑红、天青釉、乌金釉、茶叶末等，这些美轮美奂的色釉产品，素有"天然宝石"之称。

釉下彩装饰：釉下彩装饰是指在生坯上彩绘，然后罩以透明釉，再入窑高温烧成，花纹沉于釉下的陶瓷彩绘工艺。宋代的褐彩是景德镇釉下彩的初级形式。至元代，景德镇青花、釉里红等釉下彩工艺极其成熟，至精至美，开创了世界彩瓷时代的新纪元。

釉上彩装饰：是指在已烧成的瓷器釉面上进行彩绘，经780—850℃低温二次烧成的陶瓷彩绘工艺形式。其彩绘的花纹在釉上，故称釉上彩。景德镇釉上彩装饰始烧于元代，如红绿彩、立粉堆花及金彩等。至明清时期，达到了历史上的最高峰，如五彩、粉彩、古彩及素三彩等。民国时期，还创烧了浅绛彩、新彩等新品种。

综合装饰：是指在同一器物上并用两种或两种以上不同的装饰艺术手法，以综合体现当时审美趋向、技术条件以及艺术水平。其装饰形式主要有釉下彩与釉上彩相结合、色釉与釉下彩相结合、色釉与釉上彩相结合等。

以上这些种类繁多繁杂的工艺、工序、烧造都是景德镇历史文化遗产的重要组成部分。人们用再普通不过的泥土冶陶，经过智慧的创造，火的淬炼，制作出陶器，再在制陶工艺的基础上创烧出原始瓷以及精美的瓷器。

瓷器的发明是中国奉献给全世界的一份独特的文化礼物，更是中国对世界文明的一大杰出贡献。瓷都景德镇因瓷而屹立在世界的东方！

四、认识景德镇在世界历史文化遗产中产生的影响和价值

景德镇的历史文化遗产非常独特，非常简单，也非常丰富，而非常不简单。说它简单，是它仅因陶瓷一项闻名于世；说它丰富，是它可比世界上任何一座城市文化遗产技艺之独特、种类之丰富、影响之大、流传之久远。

18世纪以前，欧洲人不会制造瓷器，因此中国特别是昌南镇的精美瓷器很受欢迎。在欧洲，昌南镇瓷器是十分受人珍爱的贵重物品，欧洲人就以"昌南"作为瓷器（china）和生产瓷器的中国（China）的代称。久而久之，欧洲人就把昌南的本义忘却了，只记得它是"瓷器"，即"中国"，China 中国、中国 china 就这样流行开来了。

在外国人的记忆里，中国很早以前就是瓷之国。"瓷之国"三个字可以顺着读也可以反着读，"瓷之国""国之瓷"，也可理解为中国瓷器、瓷器中国。

有学者认为，景德镇所代表的陶瓷文化是整个中华文化的缩影，是以陶瓷为载体的文化传承与再造，中国文化正是通过

陶瓷而传播到全世界，世界也因为陶瓷而进一步认识中国。

也有学者认为，中国陶瓷到达的边界就是中国文化影响力的边界。中国文化再博大精深，没有陶瓷的转化也难以走出国门。在留存下来的大量实物陶瓷中，我们可以看到皇家文化、农耕文化、历史文化、宗教文化、民俗文化、家族文化、精英文化等诸文化脉络，称之为中国文化的百科全书一点也不为过。

再以陶瓷文化的创造性、独特性、传播性、观赏性、实用性、收藏性、认同性、流传和影响力等诸多指标来综合判断，景德镇是最具代表性的中国文化符号之一，是世界公认的文化品牌。从这个意义来说，景德镇的陶瓷文化无形资产远大于有形资产，是中国文化遗产价值的宝库之一。

"匠从八方来，器成天下走"以及"以器载道，以瓷弘文，以匠立世，以德服人"，是景德镇的人文价值所在。

景德镇陶瓷的另一大贡献是为人类的文明进化与历史进程发挥了重要作用。不论是俄罗斯、意大利、英国等国时兴的下午茶、分餐制，还是文化传播与投资收藏，景德镇陶瓷都贡献巨大。而瓷与茶又是孪生姐妹。丝绸之路的东方茶叶是西方人的魔饮，陶瓷是绝佳的喝茶饮具，受到西方社会特别是上流社会的喜爱，茶叶因是有机物质而被消费了，而精美陶瓷则被人们保存收藏起来。它常常是各大博物馆里的镇馆之宝，在那些举世瞩目的拍卖会上，也

1915 年，浮梁茶获 "巴拿马万国博览会" 金奖

常被拍出令人咋舌的 "天价"。它流传之广、影响之大，没有其他物品可以比拟。景德镇瓷器和浮梁茶是获得世界公认的两块耀眼金字招牌。

现在世界各地的特色小镇建设，千年景德镇也是开山鼻祖。文化聚集，产业支撑，生态利用，皇家命名，世界认同。瓷之国、国之瓷，谁人能比。景德镇是当之无愧的瓷器第一镇、第一城！

为此，景德镇成为陶瓷艺术之城，也是陶瓷文化之城。千年的窑火，烧出了精美无比的瓷器，也烧出了灿烂辉煌的陶瓷文化，为中国乃至世界的文化艺术做出了不可磨灭的贡献。

再从地域上来看，与景德镇市接壤的万年仙人洞出土的陶器，经测年，烧造于 20000 年前，是已知世界上最早的陶器。陶器是人类创造的最早文明成果，是人们所公认的。

而瓷器是从陶器演变而来，陶器是瓷器的鼻祖。研究认为，在日本、俄国西伯利亚及中国湖南、贵州等地发现的距今 18000—16000 年前的早期陶器与万年仙人洞出土的陶器有着技术上的传承性，说明在 16000 年以前，早期的陶器生产技术既在中国内地传播，也走向西伯利亚和日本等世界各地。以万年仙人洞为代表的长江中下游地区的早期陶器生产技术不仅具有革命性，而且具有世界性，标志着人类在这里完成了第一次技术大革命，开始告别蒙昧时代，走向文明社会。

文明是人类所创造的全部物质和精神成果，是人类劳动和智慧的结晶。从这个意义上说，文明史也是世界通史。文明史不同于世界史，就在于它所研究的单位是各个文明，是在历史长河中各个文明的流动、发展、演变。景德镇承载着人类文明社会以来的整个文明。

水火既济而土合。自从人类掌握了火，水火土即被人类加以利用，是将一种天然物质（泥土）转变为

原始瓷折肩盖罐

另一种有用材料或器物（陶器）的最早创造性活动之一。陶器的发明，在制造技术上是一个重大的突破。用泥土烧制的陶器，既改变了物体的性质，又塑造出便于使用的形状。它使人们在处理食物时，除了烧烤之外，又增加了蒸煮的方法。陶器的发明是人类第一次利用天然物、按照自己的意志，创造出来的一种崭新的器物。它大大改善了人类的生活条件，在人类发展史上开辟了新纪元。人类生活在两个世界之中，一个是与其他生灵共享的自然界，另一个是人类缔造的文明世界。我们享受的一切文明成果，都是人类创造发明的产物。

《江西古陶瓷文化线路》一书认为，景德镇的历史文化遗产还与自上古到 1912 年以前的陶瓷水陆运输路线和沿途与陶瓷有关的文化遗址以及非物质文化遗产有关。它包括境内自上古到 1912 年以前，不同时期独特的资源条件和深厚的人文积淀生产的陶瓷产品。这些陶瓷产品借助通江达海的水运优势，以水路为主、陆路为辅，源源不断输往省内外、国外，形成不同时期自生产地到消费地的水上、陆上陶瓷运输路线。还包括沿着不同时期不同区域的水上、陆上陶瓷运输路线上保留的大量与陶瓷生产、销售、运输、祭祀、生活有关的历史遗存，如窑址、作坊、矿洞、城镇、街道、祠堂、墓葬、码头、关卡、衙署、古塔、祭祀建筑等。此外包括历代丰富的陶瓷生产技艺文献，如南宋蒋祈《陶记》、明代宋应星《天工开物》、清代唐英《陶冶图说》、清代蓝浦《景德镇陶录》等。

除了物质遗产之外，输往各地的陶瓷产品不仅满足了国内外不同时期不同阶层人群的需求，还影响了使用者的价值取向、审美情趣和宗教信仰。此外，由此产生的非物质文化也丰富了起来。

陶瓷是中国古代对外贸易的大宗外销品，也是陆上和海上丝绸之路的主要商品，海上丝绸之路和陆上丝绸之路也称

景德镇中国陶瓷博物馆收藏展出的"明正统青花云龙纹大缸"（修复件）

为陶瓷之路。自隋唐以来，景德镇的陶瓷是陆上和海上丝绸之路最大宗的商品，景德镇由此成为中国陆上丝绸之路和海上陶瓷之路的重要起点，可以说，景德镇是海上陶瓷之路的第一镇。景德镇也就成为世界陶瓷文化交流之源，这为景德镇走向世界成为瓷都创造了条件。

陶瓷文明在世界古代文明中占有重要地位，是中华文明的重要代表，也是手工业文明的重要代表。景德镇是古代陶瓷技艺的集大成者，历代的名窑代表着中国和世界陶瓷生产最高水平，因此对研究中国陶瓷史、世界陶瓷史具有重要价值。

景德镇因为有了陶瓷输出和交流，同时也吸收其他民族的重要技术，从而对人类文明作出重要贡献，对中国古代陶瓷文明的传播起到了重要作用，也对世界文化产生了巨大影响。

景德镇的陶瓷文化与一条条陶瓷运输体系的建立密切相关，因而形成规模巨大的陶瓷文化遗产长廊，这在世界陶瓷史上绝无仅有；在世界文明史的传播也是绝无仅有的。在形成过程中，由于历史环境变化、社会生活需要和文化经济交往等因素，逐渐形成了为商贸、交流、传播等特定目标服务的专门线路。

景德镇的陶瓷文化遗产不仅满足了国内外不同时期不同阶层人群的需求，还影响了使用者的价值取向、审美情趣和宗教信仰，而且对他们所在的区域社会文化产生了重大影响。由此，陶瓷价值观念传播之路、陶瓷制度文化传播之路、陶瓷风俗习惯影响之路，这种陶瓷文化层面的深层意义更具渗透性、辐射性和长久性。

这里介绍一个西方收藏中国瓷器的疯狂历史事件：300多年前的1717年，出生于17世纪的波兰王奥古斯特二世（1670—1733），又被称作"强力王"（der Starke），中国瓷器收藏的狂热爱好者。这位皇帝命令600名全副武装的萨克森龙骑兵（是当时欧洲顶级精锐部队萨克森龙骑兵之一）前往普鲁士。他们不是成为保家卫国的战士，而是变为奥古斯特二世与普鲁士国王威尔汉姆一世的"交换物"，用以换取普鲁士国王威尔汉姆一世收藏的151件景德镇烧造的康熙青花瓷。

龙骑兵瓷

万年 千年 百年：三大历史文化遗产世界价值

后来这支龙骑兵被编入普鲁士陆军，为此得到绰号——瓷器兵团。两年之后，普鲁士国王威尔汉姆训练 600 名萨克森龙骑兵（瓷器兵团）攻打德累斯顿的奥古斯特二世获胜，151 件景德镇烧造的康熙青花瓷又物归原主。这是奥古斯特二世疯狂痴迷瓷器的一个片段，是历史上欧洲人迷恋中国瓷器的一个缩影，反映出海上丝绸之路推动了全球艺术交流和审美互鉴。

著名学者王鲁湘曾表达这样的论断：景德镇陶瓷是中国的第一件世界级商品，是中国商品输出与文化输出最成功的案例，是古代丝绸之路的策源地和主力军，准确地说，陆上与水上瓷茶之路的原点在景德镇。瓷行天下，风靡世界，茶伴输出，文明互鉴。

然而，曾盛产银矿的欧洲竟然因为钟爱陶瓷而闹起了银荒，巨大的贸易逆差为鸦片战争埋下了隐患。在 1840 年至 1842 年间，为了扭转对华贸易逆差，英国人开始向中国走私毒品鸦片，获取暴利，来弥补陶瓷产生的巨大的贸易逆差，由此，发生了鸦片战争。

中国传统文化是中华民族在几千年的文明发展中所创造的宝贵财富，具有超越时代和跨越国界的巨大魅力。从表现形式来讲，景德镇陶瓷文化表现在陶瓷的泥与火烧造、销售、消费的过程中和各个环节中所呈现的器物文化、材质文化、工艺文化、制度文化、行为文化、物质文化形态和情感、心理、观念、习俗等精神文化的面貌中，它是由中国传统文化所决定的。景德镇瓷器是民族信仰价值观念的精神产品和智慧成果的总和。它具有鲜明的时代性、民族性、地域性特征。从某种意义上说，景德镇陶瓷文化是中国传统文化的杰出代表，是中华民族传统文化精粹。

纵观景德镇几千年陶瓷历史，可以清楚地看到景德镇创造了极为丰富的优秀传统文化。这些传统文化，大致可分为以下几类：景德镇的地域文化、陶瓷历史文化、陶瓷材质文化、陶瓷工艺文化、陶瓷器物文化、陶瓷装饰文化、陶瓷作坊文化、陶瓷习俗文化、陶瓷交易文化、陶瓷包装文化、陶瓷官窑文化、陶瓷民窑文化、陶瓷建筑文化、陶瓷文献等。

英国、荷兰东印度公司在景德镇生产的产品

任何一种文化的产生都有其特定的土壤。景德镇陶瓷文化反映了陶瓷生产、销售和消费过程中的价值观念、思维方式、社会生活、审美趣味等。

景德镇还是一座世界独一无二的手工艺城。中国是历史悠久和文化灿烂的多民族国家，中国的手工艺品有独特的东方艺术魅力。几千年来出现许多精彩纷呈的手工艺术品种类，从剪纸、年画、皮影，到织绣布艺，到雕刻、雕塑、漆器、陶瓷，精美的手工艺品与浓郁的地域特色、淳朴的民风民俗和丰富的人文情怀息息相关，水乳交融，透着 5000 年文明古国深厚的文化底蕴。

五、千年瓷都　世界遗产

我们先来看看景德镇陶瓷历史文化遗产与《保护世界文化和自然遗产公约》。

1972 年 10 月，在巴黎举行的联合国教科文组织大会第17 届会议上，通过了《保护世界文化和自然遗产公约》（以下简称《世界遗产公约》）。世界遗产，是经联合国教科文组织世界遗产委员会评选列进《世界遗产名录》，对人类具有突出的普遍价值的物质或非物质遗存。《世界遗产公约》规定，凡提名列进《世界遗产名录》的文化遗产项目，必须符合下列一项或几项标准方可获得批准：（1）代表一种独特的艺术成就，一种创造的天才杰作；（2）能在一定时期内或世界某一文化区域内，对建筑艺术、纪念物艺术、城镇规划或景观设计方面的发展产生过大影响；（3）能为一种已消逝的文明或文化传统提供一种独特的至少是特殊的见证；（4）可作为一种建筑或建筑群或景观的杰出范例，展示出人类历史上一个（或几个）重要阶段；（5）可作为传统的人类居住地或使用地的杰出范例，代表一种（或几种）文化，尤其在不可逆转之变化的影响下变得易于损坏；（6）与具特殊普遍意义的事件或现行传统或思想或信仰或文学艺术作品有直接或实质的联系。

可见，景德镇的历史文化遗产完全符合《世界遗产公约》规定的列入《世界遗产名录》文化遗产项目的各项标准，且具有典型性、独特性。

《世界遗产公约》第一条对"文化遗产"作了明确规定：（1）文物：从历史、艺术或科学角度看，具有突出的普遍价值的建筑物、碑雕和碑画，具有考古性质的成分或构造物、铭文、窟洞以及景观联合体；（2）建筑群：从历史、艺术或科学角度看，在建筑式样、布局或与环境景色结合方面，具有突出的普遍价值的单体或连接的建筑群；（3）遗址：从历史、审美、人种学或人类学角度看，具有突出的普遍价值的人造工程或自然与人造景观合二为一的遗址以及包括有考古遗址区。在实行《世界遗产公约》之后的 10 多年内，缔约国普遍感觉到《世界遗产公约》仅把有形文化遗产作为文化遗产的全部内涵远远不够。事实上，人们在对有形化遗产进行保护的时候，无形文化遗产也在悄然消亡。因此，联合国教科文组织在 20 世纪 80 年代把文化遗产进一步划分为物质遗产和非物质遗产。联合国教科文组织于 1989 年 11 月在第 25 届大会上通过了《关于保护民间传统文化的建议》，要求会员方对非物质遗产给予极大关注。1997 年 11 月，联合国教科文组织第 29 次全体会议通过了建立"人类口头与非物质遗产的代表作"的决议。至此，民族民间传统文化作为文化遗产的重要组成部分写进了联合国的文件中。

这方面，景德镇千年沉淀下来的与陶瓷生产相关的手工产业文化，包括原料开采、工艺流程、行业制度、名匠名人、器物形制、装饰风格、作坊、瓷行、生产习俗行规、市场、窑神拜、御窑、民窑等内容，具体表现为制度文化、器物文化、装饰文化、工艺文化和与陶瓷行业有关的民风民俗文化等。众多的陶瓷文化古迹，如高岭、考坑古村、溪边的水碓、千年红塔旧城、古窑厂、湖田古瓷遗址、瓷器街、三闾庙、龙珠阁御窑遗址、沿河的古码头等，都是景德镇文化遗产的活化石。还有与陶瓷生产相关的民风民俗、节日文化等，如窑神崇拜、开红禁、开黑禁、写书簿、买扁担等，物质的和非物质的历史文化遗产都很丰富。

再从世界文化遗产的视角看景德镇陶瓷文化遗产的内

涵。唯有民族的，才是世界的。文化的超疆域性正好印证了文化遗产是全人类的智慧和财富。从世界遗产的视角来看，景德镇陶瓷文化遗产积淀着中国传统的哲学思想、美学思想和文化意识。其中以皇权意识为例，最典型的莫过于御窑。

明、清设立御窑，直接生产瓷器。历代帝王随自己的喜爱而选取各式造型和装饰的瓷器。因此，御窑所产瓷器，反映了各朝帝王的爱好和观念。这些观念在当时就自然而然形成一定的艺术风采，影响全国和全社会。元代尚白、明代尚

广东省海上丝绸之路博物馆内整体打捞出海的南海一号船，大部分是瓷器，是海上陶瓷之路的见证

111

广彩瓷，广州画的粉彩，俗称"广彩"。1760—1780年间，为节约成本和提高效率，西方商人培养一批西洋画风的瓷画艺人，购入景德镇白胎瓷器在广州绘画。

青花和红黄等色釉，清乾隆尚繁，这都成为一时风尚。清雍正不喜欢宝月瓶，曾下令禁止烧造；不爱墨菊花和藤萝花，也亲谕"不必再画此花样"。

综上所述，可以看出景德镇陶瓷文化在长期的发展演变中，与各朝代的文化发生碰撞，积淀下典型中国式民族的文化特征。它不仅是中国陶瓷艺术的灵魂，还是中国传统文化的精华。景德镇丰富的陶瓷遗存承载了丰富而生动的社会文化信息，可为考察中国传统社会，乃至整个人类社会的政治、经济、社会、文化提供实证性依据，反映中国古代社会发展的脉络，为东西方不同文化的融合和发展提供了例证。景德镇陶瓷文化和中国世界文化遗产以多样的文化形式和遗存，来弘扬民族传统文化，其内核是中国文化精神。

景德镇瓷器和制瓷技术的对外传播，是中国人民同世界各国人民友好往来的历史见证。在 17 和 18 世纪，中国瓷器通过海路行销全世界，成为世界性的商品，对人类历史的发展起了积极作用，让西方真正意义上第一次领略了东方的文化艺术和工艺水平，丰富和提高了欧洲人的物质生活和精神生活。

进入汉代，著名的"丝绸之路"沟通了中外文化间的交流，中国逐渐被誉为"丝国"；进入中世纪后，伴随着中国瓷器的外销，中国又开始以"瓷国"享誉于世。

8 世纪末起，中国陶瓷开始向外输出。经晚唐五代到宋初，达到了一个高潮。这一阶段输出的陶瓷品种有唐三彩、邢窑（包括定窑）白瓷、越窑青瓷、长沙窑彩绘瓷和橄榄釉

景德镇烧制的青花瓷在欧洲大受欢迎

*《诸神之宴》*是意大利画家乔凡尼·贝里尼1514年创作的油画。画上诸神手捧青花瓷盘，体现当时中国瓷器在欧洲的尊贵地位。

青瓷（即广东近海一带的窑场生产的碗和作为储藏容器的罐）。

宋元到明初是中国瓷输出的第二个阶段。这时向外国输出的瓷器品种主要景德镇青白瓷、青花瓷、釉里红瓷、釉下彩瓷，吉州窑瓷，赣州窑瓷，福建、两广一些窑所产青瓷，建窑黑瓷，浙江金华铁店窑仿钧釉瓷，磁州窑瓷，定窑瓷，耀州窑瓷等。

明代中晚期至清初的200余年是中国瓷器外销的黄金时期。输出的瓷器主要是景德镇青花瓷、彩瓷、广东石湾瓷、福建德化白瓷和青花瓷、安溪青花瓷等。其中较精致的外销瓷多是国外定烧产品，其造型和装饰图案多属西方色彩，还有些在纹饰中绘有家族、公司、团体、城市等图案标志，称为纹章瓷。大批的外销瓷丰富和扩大了中华影响力，成为中华文明的重要名片，是我国优秀传统文化的杰出代表。景德镇以千年瓷都和海上丝绸之路主要起点城市闻名于世，成为促进世界文明交流互鉴和不断进步的重要桥梁。景德镇瓷器是世界认识中国，中国走向世界的重要文化符号和传承中华优秀文化的重要载体。

中国瓷器早在唐代即沿陆路和海路传播到世界许多国家。越窑青瓷和邢窑白瓷，在朝鲜、日本、东南亚、阿拉伯半岛的许多地区都有出土，在巴基斯坦的布拉明那巴德、埃及的福斯塔特古遗址中均有发现。宋代海运发达，在通往亚非的交通线的主要地区，均发现有中国青瓷和青白瓷。

宋人赵汝适撰写的《诸蕃志》，记有近 20 个国家与中国

"满大人"，源于葡萄牙语，意为统治或管理。17 世纪初，葡萄牙人以此称呼中国官员

交易瓷器。元代对外贸易进一步扩大，景德镇的青花瓷器出口，受到广泛的欢迎。明代郑和（1371—1435）开辟了横渡印度洋通往非洲东海岸的航路，中国瓷器行销更广。

与郑和同行的费信（1388—？）在《星槎胜览》中记述，进行瓷器交易的有 20 余国。欧洲先是由阿拉伯商人贩去中国瓷器，16 世纪葡萄牙、荷兰商人来中国贩运。有人考察，1602—1682 年间荷兰东印度公司贩运的中国瓷器即有 1600 万件以上。

有记载：1745 年 9 月 12 日，瑞典东印度公司"哥德堡"号商船在瑞典岸边沉没，大约有 700 吨的商品只打捞上来 8% 的货物。仅仅这 8% 就弥补了这艘船的全部亏空，还使股东们分了 14.5% 的红利。可见，陶瓷贸易的利润之巨。这也是驱动陶瓷产业发展的一个诱因。

不同时期的陶瓷体现了不同的文化风貌，其传播方式、方法和路径有不同的时代特点。

三百年前，西方席卷着一股"中国风"，人们穿柔软的中国丝绸，喝醇香的中国茶，用精美的中国瓷器。作为中国古人智慧的结晶、中外文化贸易交流的桥梁，外销瓷见证了中国辉煌的历史，是中国送给世界的一张精雅的名片。

旅美职业画家、中国明清外销瓷收藏者余春明说："中国"的英文名字 CHINA 的小写，就是瓷器的意思。这种家喻户晓的称呼，很是让我好奇：一个泱泱大国的名字竟由一

联合国教科文组织副总干事汉斯在景德镇御窑厂遗址参观

种源远流长、历久弥新的文化产品来命名，可见这种文化产品在当年是何等地震撼这个世界！历史上到底有着一种什么样的陶瓷文化冲击波，使"CHINA"真正蜚声中外。余春明说，除了纸张和印刷术的发明之外，还没有任何一项发明，作为文化的载体在图像的记录上有中国外销瓷这么丰富多彩。余春明在他旅美20多年时间致力于中国外销瓷的收藏和研究，并精选了150多件捐赠给南昌大学创办中国外销瓷展览馆。

　　了解一座城市，就去拜访它的博物馆。透过博物馆我们可以感知这座城市的历史荣光、人文气息以及弥散在岁月烟尘中的美好。

2015 年 10 月 18 日，新建的景德镇中国陶瓷博物馆启用开放。这是一座以"国际一流、国内领先"为目标打造的现代化、信息化展馆，已经成为今天景德镇城市发展的历史缩影，这座城市独特的文化标志，以及与世界对话的艺术殿堂。我们从中可以感受到"集历代名瓷于一室"的视觉震撼，领悟着"述千年历史于一时"的心灵启智。景德镇中国陶瓷博物馆是国内第一家专题性陶瓷博物馆，馆内收藏了新石器时代的陶器和汉唐以来各个不同历史时期的陶瓷珍品重器 3 万余件（其中国家级珍贵文物 500 余件），涵括了景德镇千年制瓷历史长河中的代表品种。

现在全世界大多数博物馆（博物院）都有陶瓷展品，有的还是镇馆之宝。如大英博物馆，一向被认为是中国之外藏有中国文物最多的博物馆。1860 年，英军从圆明园中劫走的文物，一部分献给了当时的维多利亚女王，另一部分被拍卖。献给女王的圆明园文物存放在大英博物馆。大英博物馆收藏的中国文物包括瓷器、青铜器、玉器、书画、雕刻品等，共计 2.3 万余件，有许多是珍品、孤品。

日本东京国立博物馆是日本最大的博物馆。馆内的 9 万多件藏品中，有上万件中国文物，上自新石器时代的良渚文化玉器，唐、宋、元代瓷器，下迄清代的瓷器、字画，可谓

景德镇中国陶瓷博物馆

无所不包。此外，日本各地上千座博物馆收藏有中国文物，珍品也是数不胜数，数量估计在数十万件左右。

我们可以从世界各国博物馆的藏品展览中，看到出自景德镇的陶瓷展品，可以从千年时空尺度中认知景德镇的历史文化遗产价值。

唯有瓷器，穿越千年时光，依然光滑润泽，历久弥新。经得起岁月的磨砺，耐得住光阴的腐蚀，不光是高贵的艺术品，还是日常生活用品，都赋予了瓷器鲜活的魅力。

如今世界是个地球村。发展文化遗产观光旅游是世界各地古城古镇吸引游客的一张王牌。人类文明社会只有五六千年历史，主打几千年历史长河积淀下来的文化遗产价值，渐渐地成为城市最具旅游价值的响亮名片，散发出耀眼的光芒。景德镇这张中国名片，从古至今，多少名人名品名产荟萃于此，不断地流传着关于这个城镇历史文化积淀、变迁、创新、发展的故事，在千年古城古镇中最独特、最经典而又最具影响力。

在新的历史时期，时代又把景德镇推到了风口浪尖，是抱残守缺，还是凤凰涅槃？景德镇能否以创新瓷都、开放瓷都，再次拥抱世界？是文化传承、历史积淀和城市资源禀赋转换新动能的时候了！

六、千年瓷都再出发

1990 年 10 月 11 日至 14 日，首届"中国瓷都——景德镇国际陶瓷节"举行，我参加了首届陶瓷节。陶瓷节举办了陶瓷产品展览展销、"瓷都景德镇"国际精品大奖赛、陶瓷技艺现场表演，还开展了国际景德镇古陶瓷研究学术交流和国际陶瓷学术研讨会等活动。

2003 年，我和宫正先生以江西省人民政府参事的身份递交了"支持景德镇千年庆典活动，并建议以江西省政府和国家有关部委一起举办国际陶瓷博览会"的参事建议，得到省政府的采纳。从 2004 年起，中国瓷都——景德镇国际陶瓷节改为"中国景德镇国际陶瓷博览会",并原来由景德镇市委、市政府一家主办,升格为由国家商务部、中国轻工业联合会、中国国际贸易促进委员会、江西省人民政府共同主办,集陶瓷精品展示、陶瓷文化交流、陶瓷产品交易为一体的国际化陶瓷专业博览会。

2004年第一届瓷博会就吸引了来自英国、美国、日本、意大利等世界23个国家和地区的2000余名国外政要、知名企业家、陶艺家和参展商、采购商前来参展、洽谈;吸引了来自唐山、淄博、醴陵、龙泉等国内九大产瓷区和九大名窑的著名陶艺家、参展商及北京、上海、广州、南京等地的星级宾馆采购团等社会各界人士共2万余人云集景德镇。进入瓷博会展览中心的国内外参观、采购人员达5.6万余人次。同时,景德镇市还分别与美国门县市、英国剑桥郡斯托克市签订了建立友好城市关系、经济合作、人才交流和资源共享的合作意向书;并与英国等8个国家签署了促进陶瓷发展的《景德镇宣言》。

中国景德镇国际陶瓷博览会每年成功举办至今,已逐步发展成为世界陶瓷盛会、国际交易平台,促进了世界陶瓷在商贸、文化、技艺等方面的交流与合作。

2019年8月28日,国家发展和改革委员会、文化和旅游部正式印发,后报请国务院批复《景德镇国家陶瓷文化传承创新试验区实施方案》,这标志着千年瓷都景德镇开启了重振辉煌的新千年。对于保护好、传承好、利用好景德镇陶瓷文化，充分发挥文化对产业转型升级的积极作用，加快推进景德镇高质量跨越式发展，具有重大而深远的意义。

江西媒体认为这是喜讯，更是号角。怎样走出一条具有世界意义、中国价值、新时代特征、景德镇特点的优秀传统文化传承创新发展路子，让历久弥新的陶瓷文化以新的姿态讲好中国故事，为促进民心相通、打造人类命运共同体走出一条优秀传统文化传承创新发展新路子。

行于九域，施及外洋。16世纪的"海上丝绸之路"，满载着景德镇青花瓷，推动了世界的"第一次全球化"，成为促进世界文明交流互鉴和不断进步的重要桥梁。

习近平总书记指出："文明因交流而多彩，文明因互鉴而丰

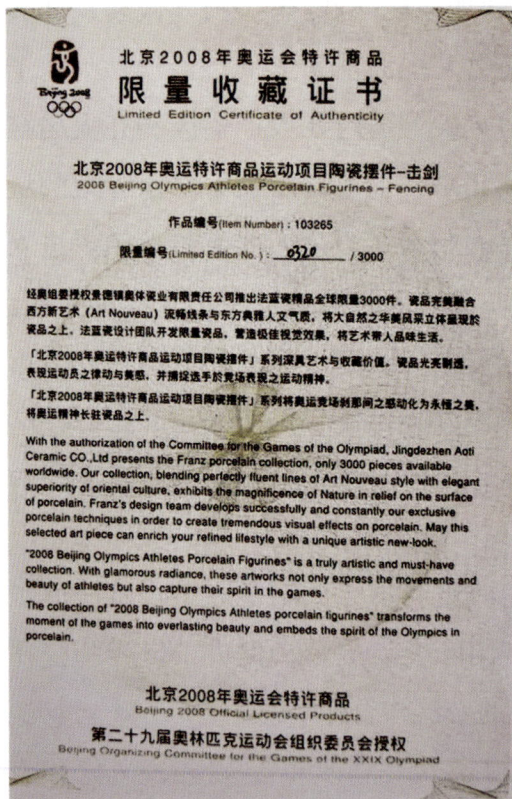

景德镇制作的北京奥运击剑陶瓷摆件限量收藏证书

富。文明交流互鉴，是推动人类文明进步和世界和平发展的重要动力。"

景德镇陶瓷是世界认识中国、中国走向世界的重要文化符号和传承中华优秀传统文化的重要载体。党中央、国务院对景德镇陶瓷文化的传承保护、创新发展作出重大决策，千年瓷都再出发。

2015年，习近平总书记先后两次对景德镇御窑遗址保护作出重要批示；2019年5月，总书记视察江西时作出了"建好景德镇国家陶瓷文化传承创新试验区，打造对外文化交流新平台"的重要指示。建设景德镇国家陶瓷文化传承创新试验区的《实施方案》明确提出：传承和弘扬陶瓷文化，建好景德镇国家陶瓷文化传承创新试验区，打造对外文化交流平台，努力走出一条具有世界意义、中国价值、新时代特征、景德镇特点的优秀传统文化传承创新发展新路子。

2008年景德镇奥运瓷——福娃瓷塑

新时代高度重视传承发展中华优秀传统文化，也对景德镇在传承发展优秀陶瓷文化中担负的重大使命提出了新的历史要求。作为江西文化的代表，陶瓷是中国名片，也是世界语言。让历久弥新的陶瓷文化，在新时代以新姿态讲好"中国故事"、与世界对话，千年瓷都景德镇责无旁贷。

景德镇国家陶瓷文化传承创新试验区建设，给人以希冀，究竟能带来什么？

《实施方案》提出：建设国家陶瓷文化保护传承创新基地，推动景德镇成为集中展示中华陶瓷文化的瓷都、全国乃至世界的陶瓷产业标准和创新中心；建设世界著名陶瓷文化旅游目的地，把景德镇打造成世界一流的国际文化旅游名城；建设国际陶瓷文化交流合作交易中心，把试验区建设成为促进全球文明互鉴的重要桥梁和高端陶瓷文化贸易出口区。

这个"两地一中心"战略定位，将使景德镇城市文化遗产、城市生活、城市空间与陶瓷文化产业发展相得益彰，让千年瓷都焕发"年轻态"，把历史上、记忆中的景德镇，逐步变成一个可触摸、可体验的景德镇，变成一个体现新发展理念的景德镇，变成一个用独特语言讲述新时代中国故事的景德镇。

景德镇国家陶瓷文化传承创新试验区，是国家首个文化类试验区，可见试验区的分量之沉重、景德镇的地位之独特。国家战略必有国家考量。《实施方案》提出了明确的目标任务：到 2025 年，试验区建设取得阶段性成果，为我国陶瓷及其他传统文化产业转型发展提供可推广、可复制的经验。

闯出新路子、探索新经验，这是党中央、国务院赋予景德镇的重大使命。擂起战鼓，吹响号角，试验区建设的大幕已经拉开，唯有大胆探索、创新、突破，方能不负重托、不辱使命！

站在新起点，迈向新坐标。景德镇又站在了新时代的当口，将以更宽广的视野和长远的战略眼光，再一次追求卓越。

景德镇，你将再次担当国家使命，大胆探索、开放创新、勇于突破，当好陶瓷文化遗产传承使命，再次以全新的姿态引领世界瓷都，拥抱未来。我们充满期待！

第三篇　百年红都

——红都瑞金的历史文化遗产世界价值

红都——首都，瑞京——北京，这根特别的"脐带"，连接起中国共产党人推翻旧世界、创建新中国的艰难实践。

红都瑞金，一头连着上海，一头连着北京，红色道路伟大而曲折，苦难而辉煌。

1931年，在中国共产党成立10周年之际，中国共产党在瑞金创建自己的工农民主政权，成立了中华苏维埃共和国，具有里程碑意义，既是实现中华民族伟大复兴的标志性事件，也是中国深刻影响世界的标志性事件。90多年前，我们党创建中央革命根据地、成立中华苏维埃共和国，这是中国近现代史、中国革命史、中国共产党历史上的大事件；是中国共产党人把马克思主义基本原理同中国革命具体实际相结合、同中华优秀传统文化相结合，艰辛奋斗、不懈探索的必然结果；是中国共产党遵循历史发展规律、顺应历史发展大势、掌握历史主动的必然产物。今天，新中国成为东方大国。

2014 年 4 月 1 日，习近平主席在比利时布鲁日欧洲学院发表重要演讲时指出："历史是现实的根源，任何一个国家的今天都来自昨天。只有了解一个国家从哪里来，才能弄懂这个国家今天怎么会是这样而不是那样，也才能搞清楚这个国家未来会往哪里去和不会往哪里去。"

2019 年 5 月，习近平总书记视察江西赣州时告诫全党："要从瑞金开始追根溯源，深刻认识红色政权来之不易、新中国来之不易、中国特色社会主义来之不易。"在中国共产党百年华诞、中华苏维埃共和国成立 90 周年之际，我们从历史文化遗产的视角，来探讨红都瑞金的历史文化价值，正本清源，返源历史，寻找源头，以史为鉴、以史为师、以史为镜，从而更好认识过去、把握当下、面向未来，具有特殊意义。

我们先来看看瑞金的历史沿革和地理环境，有助于了解在那个特殊年代成立的红色大本营——山坳里的中华苏维埃共和国。

一、瑞金的历史沿革和地理环境

瑞金市位于江西省东南部，赣州市东部，武夷山脉西麓，赣江东源贡水上游，介于东经 115° 42′—116° 22′、北纬 25° 30′—26° 20′ 之间。它东与福建省长汀县交界，西邻于都，南连会昌，北接宁都、石城。

红都瑞金县城历史照

历史上，因瑞金地处赣南东部山区，交通闭塞，属"八闽百越蛮荒之地"，文化的孕育形成起步晚，相对中原地区较为滞后。后来，汉、晋、唐、宋时期，中原人大举南迁，瑞金成为重要迁徙地。南迁的人后来被称为"客家人"，瑞金由此成为客家人的重要聚集区。在漫长的历史岁月中，客家人带来的中原文化与当地土著文化相互影响、相互融合，孕育成独特的客家文化，瑞金成为客家文化的主要发祥地之一。第二次国内革命战争时期，瑞金作为中华苏维埃共和国临时中央政府所在地，曾一度改名为"瑞京"，是全国苏区政治、文化中心，举世闻名的红色故都。

唐天祐元年（904 年），以象湖镇淘金场置瑞金监，瑞金之名起源于始，因"掘地得金，金为瑞"而得名。据《太平寰宇记》："瑞金场，淘金之地也。"又据《瑞金县志》："置（瑞金）监时，有航浮水面，色如黄金，人目为瑞，故名。"南唐保大十一年（953年），瑞金监改为瑞金县。

1994年5月18日，国家民政部（民行批〔1994〕83号）批复：经国务院批准，同意撤销瑞金县，设立瑞金市（县级）。1999年2月，江西省人民政府批准瑞金为省辖市，由赣州市代管。

二、红都瑞金的历史文化遗产概要

瑞金是享誉中外的红色故都，在中国近代革命历史上留下了光辉灿烂的一页，有着十分重要的历史地位。它是中国共产党建立的第一个全国性红色政权——中华苏维埃共和国临时中央政府的诞生地，是第二次国内革命战争时期中央革命根据地的中心、驰名中外的红军二万五千里长征的主要出发地。"红都"这个光荣的称谓起源于20世纪30年代初，毛泽东、朱德等老一辈无产阶级革命家在瑞金进行了伟大革命实践和红色政权建设。

1931年11月7日至20日，酝酿了近两年时间，并经过时任瑞金县委书记邓小平等精心筹备的第一次全国苏维埃代表大会，在瑞金县叶坪乡隆重召开，大会向世界庄严宣告中华苏维埃共和国临时中央政府正式成立，定都瑞金，毛泽东当选为临时中央政府主席，大会还通过了中华苏维埃共和国宪法大纲等决议案。自此，中国共产党领导的红色政权正式以国家形态出现。1934年1月，第二次全国苏维埃代表大会在瑞金县沙洲坝镇召开，由于当时中共中央政治局已经从上海迁到瑞金，为此，"二苏大会"后，中华苏维埃共和国临时中央政府的"临时"两字就去掉了，正式成为中华苏维埃共和国中央政府。"二苏大会"还通过了修改后的宪法大纲等决议案，通过了关于确定国旗、国徽、军旗以及确定8月1日为建军节等决定。因此，瑞金作为赤色首都，也是毛泽东思想的主要发源地和初步形成地，抗日战争的策源地，

中华苏维埃共和国临时中央政府——叶坪谢氏宗祠

是人民代表大会制度和"八一"建军节的诞生地。有关瑞金在中国革命中的历史地位，党史专家作了精辟的概括："封建专制，昏天黑地；上海建党，开天辟地；南昌建军，惊天动地；瑞金建政，翻天覆地；北京建都，改天换地；改革开放，欢天喜地。"

中国共产党早期的领导人和军事将领，大部分在红都瑞金这个时期得到了锤炼、成长，新中国的第一、二代领导人，共和国 10 位开国元帅中的 9 位，10 位大将中的 7 位，以及 1966 年以前授衔的中国人民解放军将帅中的 35 位上将、114 位中将和 440 位少将，当年都曾在瑞金战斗、工作、生活过。同时，苏区人民以巨大热情拥军支前、参加革命，为红军和苏维埃政权建设奉献了一切。当年仅 24 万人口的瑞金，就有 11 万人参军参战，5 万多人为革命捐躯，其中的 1.08 万人

中华苏维埃第一次全国代表大会主席台

牺牲在红军长征途中，瑞金有名有姓的烈士达 17166 名。为支持苏区建设和支援红军北上抗日战略转移，从 1932 年至 1934 年，瑞金人民认购了 68 万元的公债，借出 25 万担谷子，其中 41.5 万元公债和捐集的所有粮食无私奉献给了苏维埃政府，长征时存在苏维埃国家银行的 2600 万银元的存款一并用于支持革命。

光荣的苏区历史为瑞金留下了众多独特的革命旧居旧址和精神遗产。目前，瑞金境内共有革命旧居旧址 180 多处，拥有苏维埃临时中央政府旧址广场、"一苏大"会址、中华苏维埃临时中央政府大礼堂、中共中央政治局旧址、红军烈士纪念碑、红井等国家级重点文物保护单位 33 处。这些都是珍贵的历史文化遗产。

人民共和国有许多决定中国命运的大事在瑞金展开：一

中华苏维埃第一次全国代表大会会场

叶坪革命旧址群

是中国历史上第一个共和国——中华苏维埃共和国在这里诞
生；二是苏维埃共和国的第一次"开国大典"在这里举行；
三是由人民当家作主的第一次全国苏维埃代表大会在这里召
开；四是"赤色中国"第一个对外宣言——《中华苏维埃共
和国临时中央政府对外宣言》对外发布；五是响彻中华大地
并闻名世界的称呼"毛主席"从这里开始叫响；六是第一批
人民当家作主的法律——《中华苏维埃共和国宪法大纲》《劳
动法》《土地法》《婚姻法》《苏维埃组织法》《选举法》等
在这里颁布；七是共和国的"九部一局"（外交、军事、劳
动、财政、土地、教育、内务、司法、工农检察人民委员

部、国家政治保卫局）在这里始设；八是工农民主国家第一个国徽、第一面国旗——中华苏维埃共和国国徽、国旗在这里诞生；九是最早确立 8 月 1 日为人民军队的建军节在瑞金诞生，并举行了第一次纪念"八一"建军节活动；十是中国共产党中央政治局从上海迁移到瑞金，瑞金成为江西唯一的一处党中央所在地；十一是冲破铁围的五次反"围剿"在这里展开；十二是震惊中外的二万五千里长征从这里起步；十三是从 1931 年到 1934 年，中共中央、中华苏维埃共和国在瑞金先后两次以中央政府会议确定对日宣战，派出两支抗日先遣队，发出 10 余次抗日宣言。在红都瑞金创造了一百多个（项）第一。瑞金现有叶坪、沙洲坝、云石山三大旧址群，已有 60 多个中央和国家机关在这里寻到了"根"。瑞金是毛泽东思想的重要形成地，是全国苏维埃大本营和中心区域，是培养和锻炼人民共和国治国安邦栋梁人才的基地和课堂，是人民军队成长壮大的摇篮，是伟大苏区精神的孕育地。这些在中国共产党和中华人民共和国创立的历史文化遗产中具有开创性、独特性，奠基意义十分重大，值得倍加珍惜和认真研究。

我们所称"红都瑞金"历史时期，应是指 1931 年 11 月 7 日第一次全国苏维埃代表大会召开之时，至 1934 年 10 月中央机关离开瑞金这段历史。而扩展到 30 年代初和 1934 年后的三年游击战争，则一般称为"中央苏区"。

沙洲坝革命旧址群

　　2015 年 8 月 11 日，国务院正式批复江西省人民政府的请示，同意将瑞金市列为国家历史文化名城。瑞金市由此成为我国第 127 个国家历史文化名城。国务院在对江西省人民政府《关于申报瑞金市为国家历史文化名城的请示》的批复中指出："瑞金市历史悠久，红色文化特色突出，革命历史遗存丰富，是人民共和国的摇篮和苏区精神的主要发源地，城市传统格局保存较好，具有重要的历史文化价值。"

三、中华苏维埃全国代表大会的历史背景

　　中共一大通过的《中国共产党的第一个纲领》明确表示："我们党承认苏维埃管理制度，要把工人、农民和士兵组织起来，并以社会革命为自己政策的主要目的"，"苏维埃制度"由此诞生。随着中国共产党百年华诞的到来，中国"苏维埃制度"也已百年。这是中国共产党人总结近代以来各种挽救民族危亡、改造中国社会的"主义""方略"之后，作出的坚定制度选择。虽然，实行这项制度的时间不过 10 年，通行这

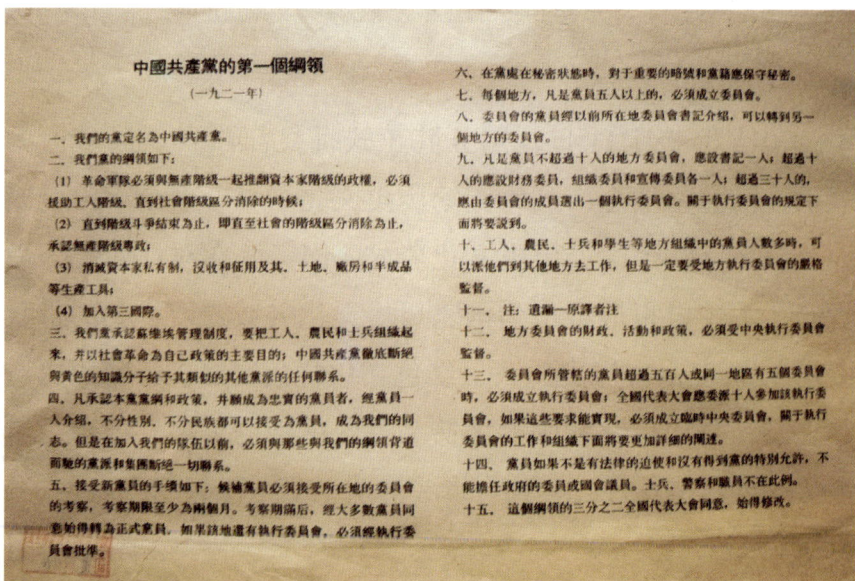

《中国共产党的第一个纲领》

项制度的空间局限于党开辟的红色割据区域——农村革命根据地，亦即苏维埃区域，简称苏区。但它的实行在中国历史上创造了新纪元，写下了划时代的光辉篇章。回顾这段历程，红都瑞金一头连着上海、一头连着北京，时称"赤色中国"的中华苏维埃共和国与中华人民共和国也通过瑞金建立起血肉联系。

（一）全国苏维埃区域代表大会在战火中诞生

"苏维埃"为俄文音译，意为代表会议。苏维埃制度源自苏联，它根本区别于少数人统治多数人的不合理的旧制度。在中国实行苏维埃制度，从建立苏维埃政权开始。

1927年大革命失败后，中国共产党独立扛起领导中国革命的重任，走上农村包围城市、武装夺取政权之路。在《关于"左派国民党"及苏维埃口号问题决议案》（1927年9月19日）中，第一次明确提出："现在的任务不仅宣传苏维埃的思

《中央通告第六十八号——关于召集全国苏维埃区域代表大会》

想，并且在革命斗争新的高潮中应成立苏维埃。"由此开启了苏维埃政权创建，秋收起义、海丰起义、广州起义爆发了！同时，地方苏维埃工农民主政府纷纷建立，遍及全国各地。从此，中国共产党开辟出一条把苏维埃制度本土化、乡村化、中国化的伟大实践之路。

（二）首次全国性苏维埃区域代表会议

为加强全国苏维埃区域与红军的联系，统一中国革命的指导与行动，中共中央在1930年2月4日发出的《中央通告第六十八号》（1930年2月4日）中提出，于当年五一节召开全国苏维埃区域代表大会（简称"苏代会"）的设想，并明确了会议主要任务：

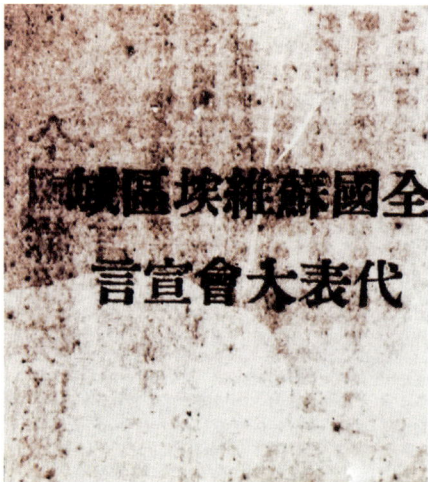

1930年2月，中共中央为召集全国苏维埃区域代表大会发出通告和宣言，即《全国苏维埃区域代表大会宣言》

1. 这个大会的召集将以全国总工会，中国共产党为主要的发起者，各地苏维埃区域及红军亦将被邀请列名。

2. 这个大会首先要解决的是全国苏维埃区域与红军之更一致的联合行动，他要在无产阶级坚决的领导之下实行工农联合，实行彻底

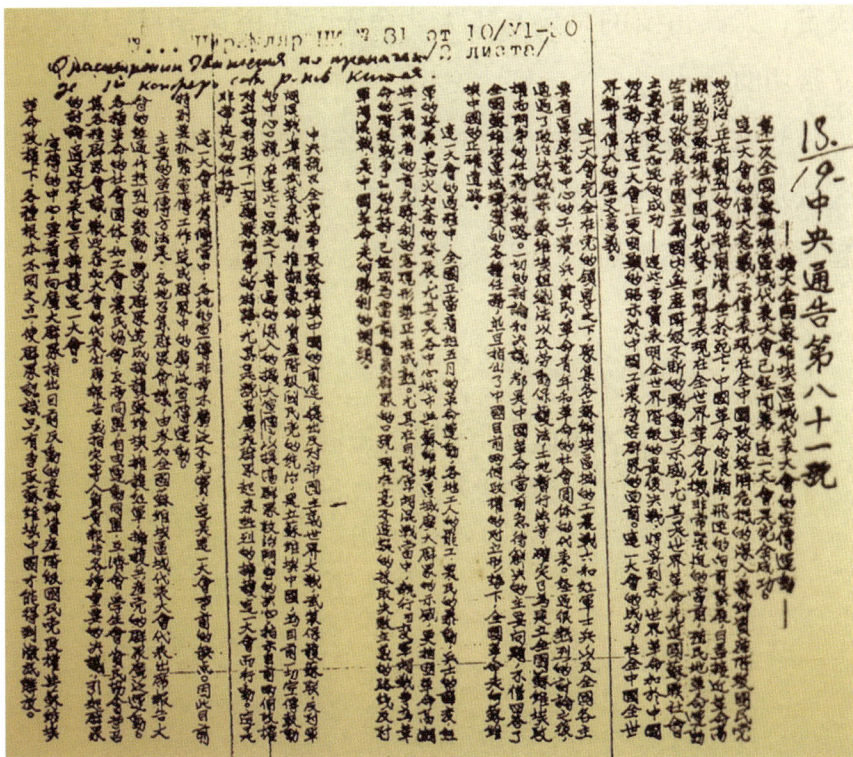

中共中央于 1930 年 6 月 10 日发出《中央通告第八十一号》，要求扩大全国苏维埃区域代表大会的宣传

的土地革命，没收一切地主土地，分配给农民耕种，肃清一切反动武装，坚决反对富农，根本消灭豪绅地主的乡村统治，普遍地建立农民苏维埃政权，实行土地政纲，集中农民武装，建立红军赤卫队，加增雇民工资，发展雇农工会。这个大会要使这些任务都能有具体的规定，有实际策略的讨论，有与城市工作的配合布置，有每一区域及每一红军之发展方向的

决定，尤其重要的是要与工人斗争士兵贫民运动反帝工作建立密切的联系。

3. 大会的布置将由发起者通知各地，中央拟定各苏维埃区域及红军中的重要代表，将先集一地开预备会议，讨论并起草一切议案，然后再开大会于某一被指定的苏维埃区域，

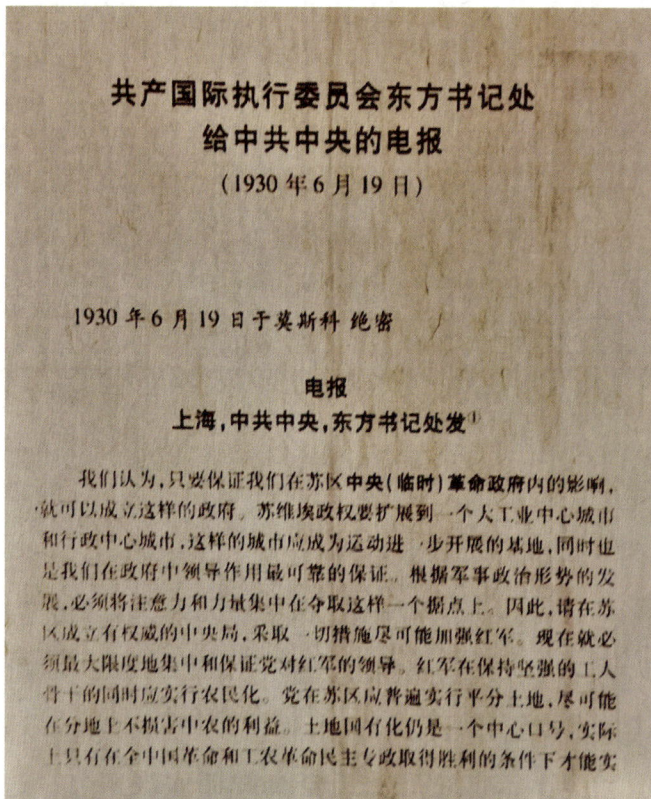

1930 年 6 月 19 日，经斯大林和莫洛托夫修改定稿的《共产国际执行委员会东方书记处给中共中央的电报》，同意中共中央关于成立中华苏维埃（临时）中央政府的决议

同时举行全国拥护中国苏维埃与红军的示威运动。

中共中央的这一设想，就是为成立统辖全国各地苏区的中央政府，统一指挥各路红军的中央军事机关做准备，迅即组建了大会筹备委员会。在 1930 年 2 月 7 日举行的筹备委员会会议上，周恩来出席并作报告，对会议日期、代表名额分配、会议议程和决议草案作了说明。2 月 15 日，中央政治局常委会议讨论了苏维埃区域代表大会决议草案。同日，中国共产党和中华全国总工会发表为召集全国苏维埃区域代表大会的联合宣言，指出在当时国内形势下召集这个大会的重大意义，号召全国一切革命团体共襄盛举，另外还将大会召集日期延后至当年 5 月 30 日。在 4 月初，中央给红四军前委的信还专门指出：中央决定毛泽东同志来参加苏维埃区域代表大会，务须执行中央这一个决定。但毛泽东因战事紧张，未能抽身赴会。

经过 3 个月的紧张筹备与动员，1930 年 5 月，全国苏维埃区域代表大会在上海秘密召开。全国各赤色工会和左联等革命团体、各地红军和苏区等的代表共 49 人出席会议。5 月 5 日至 10 日，大会举行预备会议。20 日至 23 日举行正式会议，讨论了建立中央苏维埃政府、红军的组织和苏区建设等问题，通过了《全国苏维埃区域代表大会宣言》《目前革命形势与苏维埃区域的政治任务》《土地暂行法》《劳动保护法》《苏维埃组织法》《扩大红军及武装工农计划》等文件，确定了为建立全国苏维埃政权而斗争的任务与战略，成立全国苏维埃代表大会中央准备委员会。大会主席团还作出决议，于当年 11 月 7 日（俄国十月革命纪念日）召开第一次全国苏维埃代表大会，成立中华苏维埃共和国临时中央政府。据此，会议决定成立全国苏维埃代表大会中央准备委员会，由中共中央、少共中央、全总、左联、社联等 9 个政党或革命团体代表组成，负责全国苏维埃代表大会的筹备工作。

全国苏维埃代表大会中央准备委员会秘密机关遗址（上海）

苏代会是首次全国性苏维埃区域代表会议，这次大会确定了全国苏维埃政府的十大政纲，确定了全国革命的总路线，确定了苏维埃区域的具体任务与策略路线。由于苏代会的代表不是经由逐级选举产生的，大会也未行

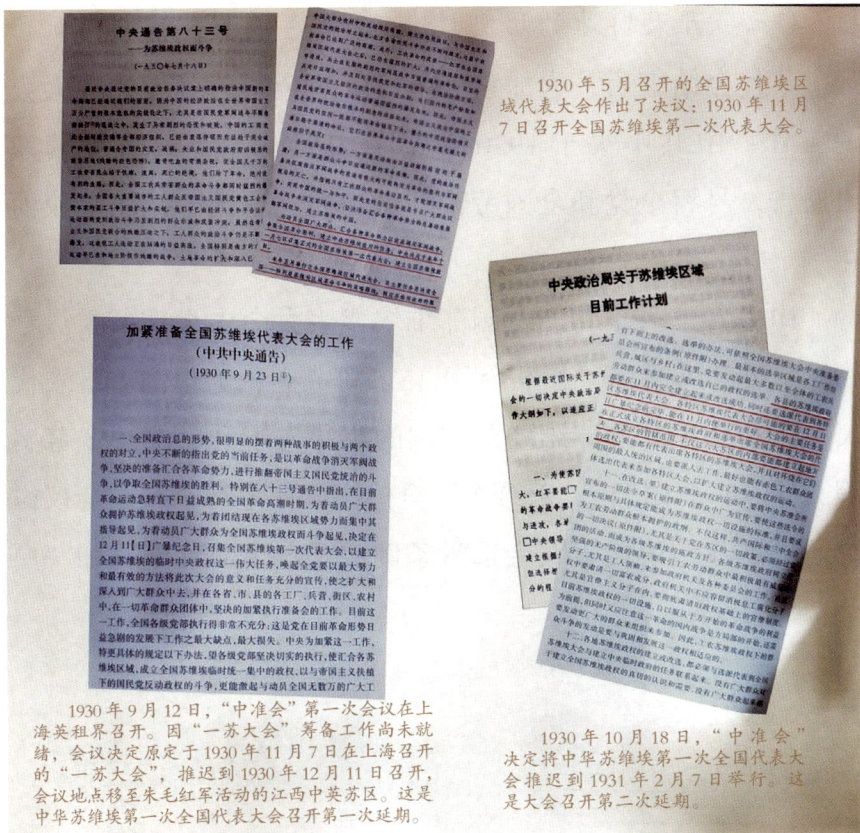

1930 年 5 月召开的全国苏维埃区域代表大会作出了决议：1930 年 11 月 7 日召开全国苏维埃第一次代表大会。

1930 年 9 月 12 日，"中准会"第一次会议在上海英租界召开。因"一苏大会"筹备工作尚未就绪，会议决定原定于 1930 年 11 月 7 日在上海召开的"一苏大会"，推迟到 1930 年 12 月 11 日召开，会议地点移至朱毛红军活动的江西中英苏区。这是中华苏维埃第一次全国代表大会召开第一次延期。

1930 年 10 月 18 日，"中准会"决定将中华苏维埃第一次全国代表大会推迟到 1931 年 2 月 7 日举行。这是大会召开第二次延期。

《加紧准备全国苏维埃代表大会的工作》、《中央通告第八十三号》、《中央政治局关于苏维埃区域目前工作计划》

使立法权及成立中央政府，因而它还不是真正意义上的全国苏维埃代表大会。

（三）开天辟地的历史性会议

苏代会结束后，为加紧准备第一次全国苏维埃代表大会的工作，中共中央于 1930 年 6 月 10 日、7 月 18 日连续发出通告，号召全党和全国劳苦群众为建立全国苏维埃政权而斗争。

1930 年 5 月下旬，全国苏维埃代表大会中央准备委员会临时常委会（简称"苏准会"）在上海成立，为全国苏维埃代表大会起草了中华苏维埃共和国的宪法大纲和各项法令草案等文件。9 月 12 日，"苏准会"全体会议在上海举行。会议讨论通过了苏维埃代表大会选举条例，规定了"苏区"和"白

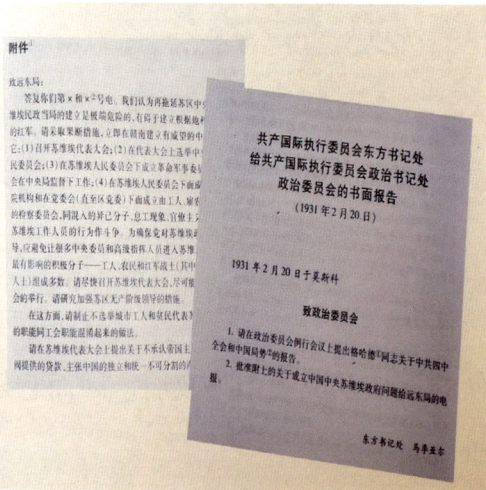

《共产国际执行委员会东方书记处给共产国际执行委员会政治书记处政治委员会的书面报告》

区"不同的选举办法；通过了全国苏维埃代表大会的主要议程和准备提交大会的法律草案等；决定将"苏准会"转移到苏区开展工作，在上海设立中央办事处；将全国苏维埃代表大会开幕日由原定的 1930 年 11 月 7 日延期至 12 月 11 日。

1931 年 1 月 15 日，中共苏区中央局在江西宁都小布成立，从上海来的项英任代理书记（书记周恩来还在上海未能到职），并任中华苏维埃中央革命军事委员会主席；红一方面军领导人毛泽东、朱德均为中央局委员、军委副主席。6 月 1 日，苏区中央局作出《苏区中央局关于召集全国苏维埃第一次代表大会的决议》，指出中国革命军事委员会已决定在当年 8 月 1 日召集全国苏维埃第一次代表大会（简称"一苏大会"），同日发表的《苏区中央局为第一次全国苏维埃代表大会宣言》，号召全国劳动群众热烈拥护全苏大会，踊跃选出代表，积极参加全苏大会工作。6 月 20 日，苏区各地党组织、群众团体响应苏区中央局号召，纷纷成立"一苏大会"准备委员会，开展学习，选举代表，准备提案。由于各地选举代表需要较长时间，加之交通困难，中华苏维埃中央革命军事委员会于 6 月 20 日通令决定：原定的"一苏大会"开幕时间再次改为在 11 月 7 日举行，各地代表应在 10 月 15 日前选举完毕，听候通知出席。

1931 年 9 月 28 日，随着中央苏区第三次反"围剿"胜利结束，形成拥有 21 个县，5 万平方公里土地，250 万人口和 5 万红军的广大根据地。同时，国民党内部由于矛盾分化，暂时无力组织新的"围剿"，苏区获得了一段相对和平的发展时期。这给中华苏维埃共和国的创建提供了有利的客观环境。在共产国际的敦促下，中共中央于 9 月 20 日作出决议，"在十月革命节正式成立苏维埃全国临时中央政府"，各苏区届时选派代表参加中央苏区工农兵苏维埃第一次全国代表大会。

由于"一苏大会"决定在中央苏区召开，苏区中央局便负有具体筹备这次大会的责任。这时，毛泽东、朱德和苏区中央局由前线移驻瑞金，为在瑞金召开"一苏大会"作最后的准备。按照原计划，毛泽东、朱德率红军主力东进闽西，

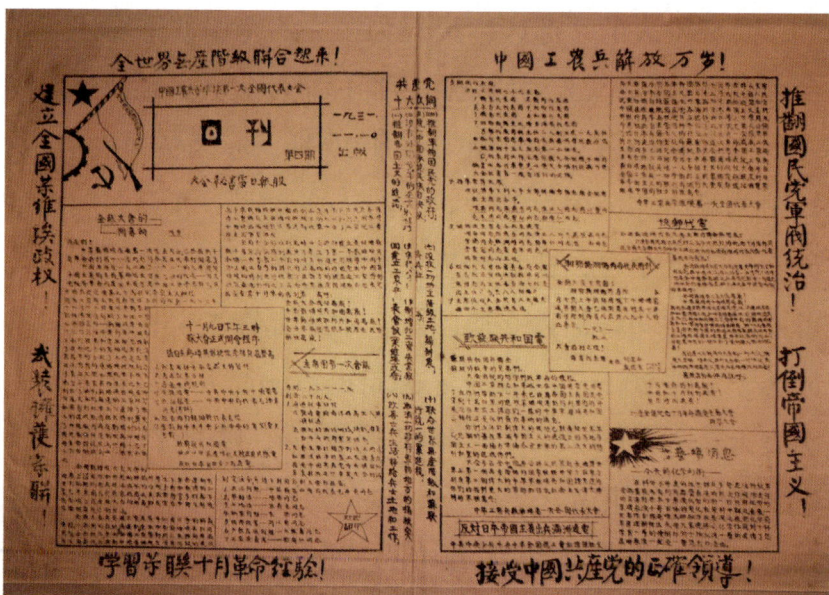

中国工农兵苏维埃第一次全国代表大会日刊

休整补充，并筹备在福建长汀举行"一苏大会"，以长汀为中心建立中华苏维埃共和国。但当毛泽东、朱德到达瑞金叶坪后，通过对瑞金政治、经济和自然条件进行综合分析，认为江西瑞金比福建长汀更适合"建都"，果断地对原定部署作出调整，决定红军主力不再东移福建，而是留驻赣南诸县，红军总部也不再移驻长汀。

10月3日，苏区中央局致电上海临时中央：红军目前急切须休息，须训练，须补充，须筹款，须布置新战场，创造根据地，又因11月7日召开"一苏大会"，中央不能远离，遂将红军主力分布石城、长汀、于都、会昌四县工作，总部及中央局在瑞金居中指挥。在上海的临时中央同意了苏区中央局的意见，决定在瑞金召开"一苏大会"，成立中华苏维埃共和国临时中央政府。

召开"一苏大会"的时间和地点确定后，为了保证"一苏大会"的安全，毛泽东提议在福建长汀设置一个"一苏大会"假会场，而将真会场放在叶坪村。时任江西省苏维埃主席的曾山和瑞金县委书记的邓小平，带领瑞金人民在叶坪村东北的一片树林中，新开辟一块能容纳万余人的红军广场，并用竹木石块筑起了一座红军检阅台。整个广场和检阅台被周围高大的树木遮掩，便于及时疏散隐蔽。

11月7日，中华苏维埃第一次全国代表大会终于在瑞金召开。来自中央、闽西、湘赣、湘鄂赣、湘鄂西、琼崖、赣东北等革命根据地的代表和红军部队的代表，以及全国总工会、全国海员总工会等白区的代表共计610人，聚集于叶坪村，共商成立临时中央政府、建设与扩大革命根据地事宜。

在当时险恶的战争环境中，红军装备简陋，没有自己的空军，因此没有太大的防空能力，更谈不上制空权。如果举行盛大的阅兵典礼和庆贺活动，目标暴露，容易招致国民党飞机的轰炸。因此，为防止国民党飞机的突然袭击，大会决定红军的阅兵典礼安排在11月7日凌晨举行，群众庆祝集会则安排在晚上。

11月7日凌晨，接受检阅的中央红军各军团代表、警卫部队代表及附近各县赤卫军和少先队队员一早来到叶坪红军广场。7时整，阅兵开始，毛泽东、朱德等检阅了蔚为壮观的红军部队，彭德怀担任阅兵总指挥。

阅兵仪式刚刚结束，10多架国民党飞机直飞瑞金县城，企图轰炸"一苏大会"会场。由于红军广场上军民已经全部疏散隐蔽，飞机并没有发现会场目标，只是向县城及近

中央致苏区中央局第一号电
——政府执委、军委主席团、各部部长名单
（1931年10月）

中央局：

　　政府执行委员名单，在弼时处有；但须除去向忠发、周逸群、邝维勋。加徐锡根、陈绍禹、关向应、瞿秋白及各地苏维埃政府主席。人民委员会主席一人决定毛泽东，副主席二人张国焘与江西苏维埃政府主席。革命军事委员会设主席团，决定朱德、王稼祥、彭德怀、朱德为主席。稼祥任总政治部主任兼外交部长；肃反邓发。教育部长秋白。

《中央致苏区中央局第一号电》

郊扔下一些炸弹，然后飞向福建长汀。在那里，国民党飞机"惊喜发现""一苏大会"会场（假会场），进行了密集的投弹轰炸、低空扫射，把假会场炸了个稀巴烂才走。

四、中华苏维埃共和国为何建都瑞金？

20世纪初的瑞金，还是个相当偏僻、闭塞、落后、保守的地方。然而，它却成了中国共产党创建的中华苏维埃共和国临时中央政府所在地，赤色中国的首都。当时，党的领袖是怎样选定瑞金为红都的，似无历史文献可凭，但却可找到现实依据。

首先是党的农村包围城市、武装夺取政权的斗争方略，给瑞金成为红都带来了现实可能性。

20世纪20年代，中国共产党总结大革命失败的沉痛教训后，选择了一条农村包围城市、武装夺取全国政权的道路，从而把党的工作重点转到了广大农村。这条道路的一个基本特征就是武装割据，建立、巩固、扩大革命根据地（苏区）。当时，有可能成为红色割据区域的地方，必须具备适当的地理、经济、政治、社会诸条件，其中尤以地利与人和两条为要。诸如远离敌对势力强大的大城市，远离交通线（尤其没有铁路），地形复杂，可进可退；有充足的农副产品（尤其是粮食）；有党的组织与活动，劳苦大众有强烈的翻身要求，

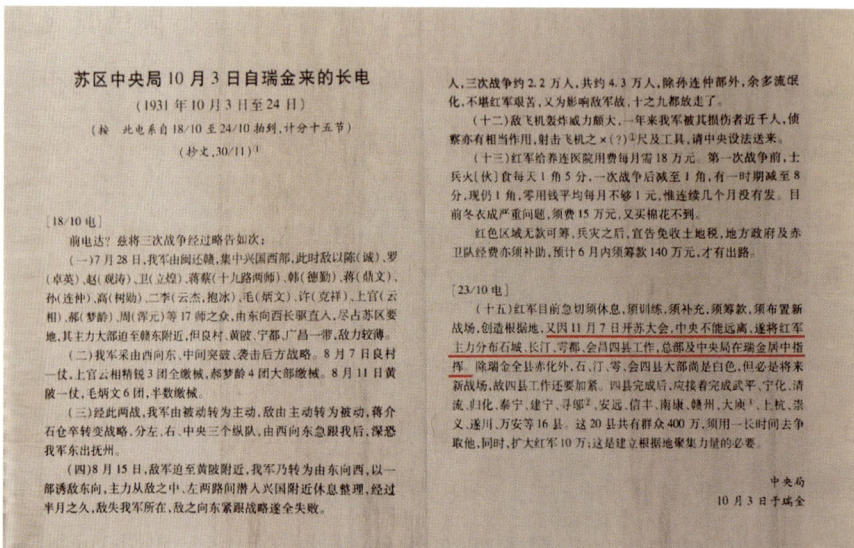

《苏区中央局10月3日自瑞金来的长电》

支持革命，拥护共产党等。赣南各地大致都具备这些条件，因而被难以在井冈山立足并发展的红四军确定为下山后的出击方向。

地处赣南东边、武夷山脉西侧的瑞金，有利条件更多。这里重峦叠嶂，四邻亦尽山地，回旋余地大；自古以来就是内地通向闽粤的通道，水路可接通赣江两岸，却又远离大城市和交通线。农林产品很丰富，素有"绵江两岸是块洲，三年两不收，还有余粮下赣州"之说。居民多系客籍移民后裔，勤劳俭朴、坚韧执着而富有斗争精神。因受地主恶霸、军阀土匪的残酷压迫与剥削，生活困苦不堪，有着强烈的翻身愿望与革命要求。大革命时期，瑞金受到北伐军的影响。南昌起义部队向潮汕行动时，又曾过境短驻，并指导成立了该县第一个共产党的支部委员会，进行了土地革命的尝试。地方上的反动武装力量比较薄弱，且内部矛盾重重。同时，瑞金与长汀交界是江西省与福建省交界，贴着武夷山脉。

当时，国民党政府实行属地管理，各省政府管辖到本省界。福建的国民党把共产党赶到江西省界，就不管了；共产党从江西运动到福建省界的长汀县，江西的国民党也不再管。于是，共产党把中央政府的机关放在距离省界十几公里的叶坪村占据地利。

瑞金的种种有利条件，很早就为当年的革命领袖所赏识。1927年8月下旬的壬田战斗，是南昌起义军南下途中打的第一个胜仗。1929年2月上中旬之交打的大柏地一仗，又是"红军成立以来最有荣誉之战争"。瑞金人民对革命队伍的热情欢迎、对地主勇敢斗争

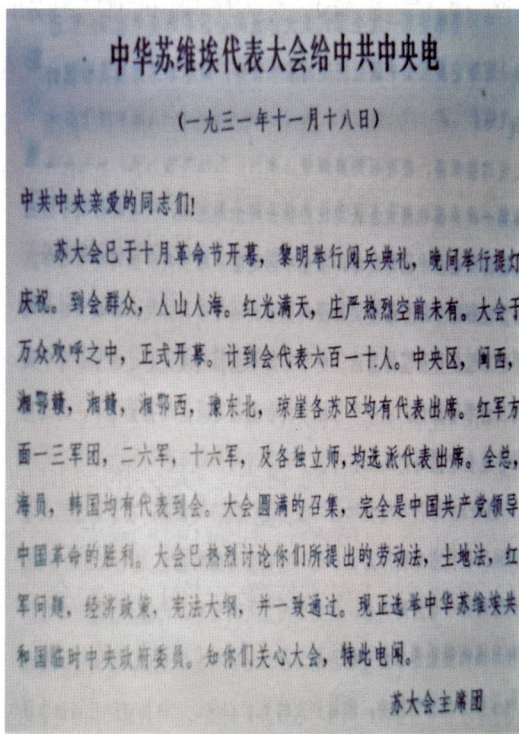

《中华苏维埃代表大会给中共中央电》

的革命精神，深深地感动了南昌起义军和红军指战员。所以，红四军前委在 1929 年 4 月初，就向中央提出了确立建立赣南闽西革命根据地计划的建议。毛泽东在这年 5 月更明确指出："瑞金是个好地方，一定要把这块革命根据地搞好。"

其次，党中央关于在苏维埃中心区建立临时中央政府的决策，使瑞金向红都迈进了一大步。

1929 年下半年至 1930 年上半年，中国革命出现了大革命失败以来未曾有过的高涨形势，召开全国苏维埃代表大会，成立中华苏维埃共和国临时中央政府的任务，被提到党中央的议事日程上。1930 年 5 月 20 日，全国苏维埃区域代表大会在上海秘密召开。大会作出了于十月革命纪念日召开第一次全国苏维埃代表大会、成立中华苏维埃共和国临时中央政府以及组建"一苏大会"中央准备委员会的重要决定。由于时任党中央主要负责人的李立三坚持"城市中心论"，这项工作被拖延了。在一系列失败面前，党中央不得不把着眼点放到农村革命根据地。1930 年 9 月 12 日，"一苏大会"中央准备委员会成立大会在上海召开。大会的突出成果是决定将"一苏大会"中央准备委员会移到赤色区域去，公开号召广大群众起来，准备召开全国苏维埃第一次代表大会。中共六届三中全会后，党中央将全国苏区划为六大区域，其中"赣西南特区与湘鄂赣边特区为苏维埃中心区，中央临时政府建立在此区"。由于接连不断的"围剿"与反"围剿"战争，湘鄂赣边特区与赣西南特区之间的大片白区始终未能联结起来，成为苏维埃中心区。建立临时中央政府的苏维埃中心区，即中央苏区，实际上局限于赣西南。这样就使瑞金向红都迈进了一大步。

再次，"最有保障"的中央苏区中心的地位，是瑞金成为红都的根本所在。

1930年6月，以赣西南、闽西苏维埃政府的相继成立及以这两地为主要活动区域的红一军团的组建为标志，中央苏区初具规模，瑞金恰好是这两地的连接点。1931年9月，第三次反"围剿"胜利后，赣南、闽西连成一片，以瑞金为中心的中央苏区基本形成。1931年2月，在共产国际支持下掌握全党最高领导权的王明提出："在苏维埃区域第一等重要任务是：在最有保障的区域里来建立起苏维埃中央政府……"这就把临时中央政府建立在苏维埃中心区的设想进一步具体化，即红都当择址于中央苏区的"最有保障的区域"。其时所谓"最有保障的区域"，应当首先不受战事袭扰，革命秩序稳定，社会治安良好，其次还有物质上的充裕。瑞金正好符合这些标准和条件。

中央苏区三次反"围剿"战争虽然均采取"诱敌深入"战术，战斗却始终在瑞金以外的地域（包括兴国、宁都）进行。受敌军蹂躏的赣西南苏区各县，一片破败景象，瑞金却"在二、三期战争当中未受丝毫的损失"。再则，第三次反"围剿"胜利前，中央区的根据地还是很流动的。那时江西省苏维埃政府辖有吉安、吉水、瑞金、崇义等 31 个县，其中县苏维埃政府在县城设立的有永新、兴国、宁都、乐安、南丰、广昌、瑞金、遂川等县。然而，有了县城不等于赤化了全县，况且有些县城的管理还是短暂的。只有瑞金全县（含县城）为苏维埃有效管理着（1931 年 9 月的《赣西南的工作报告》及 1932 年 5 月的《江西苏区中共省委工作总结》充分反映了这一事实）。与中心区域的几个邻县比，瑞金从 1931 年 3 月再度解放后，局势一直比较平稳，且发展较好。这除了无重大战事外，还表现在全县各级革命政权的恢复巩固，地方武装力量的建立、壮大，境内顽匪和地主武装的肃清，工会等群众组织的恢复健全，以及第二次分田斗争的胜利等。相对和平的环境，无疑使瑞金堪称"最有保障的区域"。1931 年 7 月，中华全国总工会苏区中央执行局从兴国迁入瑞金叶坪；9 月，在叶坪下陂坞建立中央印刷厂；9 月、10 月间，少共中央局从永丰龙岗迁入瑞金叶坪等，就是极有力的说明。六届四中全会后，党中央将召集"一苏大会"、成立临时中央政府的工作，授权给中共苏区中央局负责。1931 年 9 月下旬，毛泽东、朱德、项英、任弼时等领导人即率苏区中央局及红军总部进驻叶坪，全面开展"一苏大会"和临时中央政府成立的最后筹备。至此，瑞金成为红都便是无疑了。

总之，瑞金一度称为"瑞京"，是个客观事实，是历史的产物。这其中既有政治因素，又有传统因素、语言因素，还有心理因素——广大被压迫被剥削的劳苦大众、无产阶级革命者，对属于自己的第一个全国政权及其所在地的由衷热爱。"瑞京"一名虽然没有正式载入典籍和版图，但它的历史影响是永存的。

以上这些历史文献和专家的研究分析成果，成为红都瑞金的历史文化遗产价值的重要依据。

五、从全世界各政党的历史发展来看，中国共产党创建中华苏维埃政权的历史文化遗产价值

政党是近代资本主义发展的产物。学界对政党的定义基本达成共识，严格意义上的政党需具备以下基本特征或要素：一是有明确、具体的政纲，即政治主张和方针政策；二是有定型的从中央到基层的组织系统；三是有一定数量的党员和各级领导人；四是有约束党员行为规范的纪律；五是通过党组织和党员的各种活动，广泛争取非党群众的支持，竭力争取执掌或参与国家政权，以实现自己的政纲。

最早出现的资产阶级政党是起源于 17 世纪 70 年代英国的辉格党和托利党。美国于 18 世纪 80 年代产生了联邦党和反联邦党两派，后发展为政党。1847 年建立的共产主义者同盟是世界上第一个以科学共产主义为指导的无产阶级政党。第二次世界大战后，政党几乎成为各国普遍的政治现象。到

20世纪80年代末，世界各国政党总数已约有4000个。政党的名称未必都带"党"字，也有称同盟、联盟、阵线、运动、组织、社会等；而称"党"的组织未必都是政党，如黑手党、美国三K党等均不是严格意义上的政党。

政党通常有特定的政治目标和意识形态，针对国家和社会议题有各自的主张，定立政纲展示愿景。政权是一个国家的统治体制，或者一个特定的行政管理当局，也指掌握国家主权的政治组织及其所掌握的政治权力，以维护对社会的统治和管理。国家政权，通常国际上称为国家行政管理当局，是国家的代表，它是一种拥有治理一个社会的权力的国家机构，在一定的领土内拥有外部和内部的主权。政党与政权的关系是，政党是以执政为目标的政治组织，在代议制民主政体里，政党争取执政一般以参选为手段，并有时结成政治联盟，在必要时联合执政。

一切革命的根本问题是国家政权问题。世界上一切革命斗争都是为着夺取政权，巩固政权。而反革命的拼死同革命势力斗争，也完全是为着维持他们的政权。作为一个无产阶级的政党，中国共产党在建立之初，就确立了既定的政治目标——打碎旧的国家机器，建立崭新的人民政权，在成立10周年之际就在瑞金创建了自己的工农民主政权。从此，一个崭新的红色国家政权在世界的东方诞生了！为庆祝"一苏大会"的召开，毛泽东提笔挥毫，欣然写下："苏维埃为工农劳苦群众自己管理自己生活的机关，是革命战争的组织者与领导者。"

1931 年 11 月 27 日，毛泽东在中华苏维埃共和国中央执行委员会第一次会议上，当选为中央执行委员会和人民委员会主席，项英、张国焘（未到职）任副主席。"毛主席"之称始于此时。同时，会议产生了中央政府的各部部长（时称"人民委员"），决定中华苏维埃共和国临时中央政府设在江西瑞金（改名"瑞京"）。于是，瑞金成为中华苏维埃共和国的首都，成为全国苏维埃运动的心脏和枢纽。

12 月 1 日，中央执行委员会发布第一号《布告》，庄严宣布中华苏维埃共和国成立。中华苏维埃政权体制是由全国中华苏维埃代表大会、中华苏维埃中央执行委员会、中央执行委员会主席团、人民委员会、最高法院、审计委员会等部门组成。全国中华苏维埃代表大会是中华苏维埃共和国最高政权机关。全国中华苏维埃代表大会闭会期间，中央执行委员会成为中华苏维埃共和国最高政权机关。中央执行委员会闭会期间，选举主席团为最高权力机关。人民委员会则为中央执行委员会的行政机关，最高法院为中央执行委员会的司法机关。

这个政权性质是中国共产党领导的反帝反封建的新民主主义革命的人民民主专政；它宣布中华民族的完全自主与独立，不承认帝国主义在华的一切政治经济特权；在苏维埃区域帝国主义的海陆空军不容许驻扎。大会通过宪法大纲、土

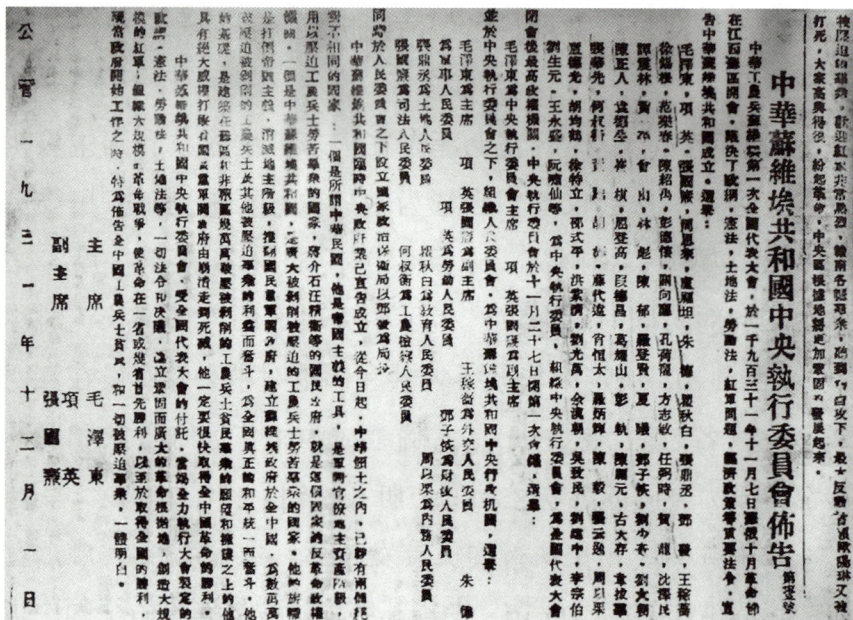

《中华苏维埃共和国中央执行委员会布告（第一号）》

地法、劳动法、妇女法等，规定没收地主阶级土地，分配给贫农中农。

在世界历史上，一个国家、一个民族所发生的重大历史性事件，既是那个国家、那个民族历史、文化、社会发展偶然中的必然，对该国家、该民族会产生极其重要的历史影响；也是世界历史进程在那个国家、那个民族所彰显出来的普遍性中的特殊性，对世界发展也会产生极为重要的历史影响。

因此，中国共产党在瑞金建政，这一翻天覆地震惊中外的大事件，深刻改变了近代以后中华民族发展的方向和进程，深刻改变了中国人民和中华民族的前途和命运，也影响了世界发展的趋势和格局。

六、从中国乃至世界历史文化遗产的视角，看红都瑞金的历史文化遗产价值

百年现代史历经无数风云变幻，而中国共产党在红都瑞金建立苏维埃共和国临时中央政府，开天辟地，震惊中外，发展成为现在的世界东方大国，具有十分重大的历史文化遗产价值。

红都瑞金的历史文化遗产价值具有开创性、独特性、典型性、延续性。

中国共产党成立 10 周年之际在瑞金创建了自己的工农民主政权——中华苏维埃共和国，具有里程碑意义，是开启中国共产党团结带领中国人民为实现中华民族伟大复兴、中国深刻影响世界的标志性事件。八一南昌起义、秋收起义、广州起义、井冈山斗争都是为夺取政权的革命斗争，

中华苏维埃共和国中央执行委员会印

159

是一个斗争动态过程，而在红都瑞金是创建全国政权、建立全国政权，是一个建立崭新的人民政权实现既定政治纲领的目标实现进程。在红都瑞金留下了丰富而珍贵的历史文化遗产。

中国共产党在苏区时期创建的执政制度和领导方式，苏维埃（工农兵）代表大会的根本政治制度以及由其决定的民主主义的经济制度、文化制度和社会制度，党指挥枪的制度原则和人民战争的战争体系，构成我们党在苏维埃革命中制度创建的主要内容和革命斗争的主要形式。它们的建构和运行，基本奠定了中国共产党领导地位、党政关系、党军关系和与人民关系的制度基础和基本方向。从百年历程看，它们不但在当时发挥着巨大的作用，而且在其后都得到坚持并不断发展和改革完善。作为新中国根本政治制度的人民代表大会制度，就是对苏维埃（工农兵）代表大会制度的继承和发展，在坚持党的领导和人民当家作主这一制度核心上，两者之间的内在联系十分清晰、一脉相承。

纵观中国百年风云，从 1911 年，孙中山先生领导的辛亥革命，推翻了统治中国几千年的君主专制制度。旧的制度推翻了，中国向何处去？中国人苦苦寻找适合中国国情的道路。君主立宪制、复辟帝制、议会制、多党制、总统制都想过了、试过了，结果都行不通。最后，中国选择了社会主义道路。

观察和认识中国，历史和现实都要看，物质和精神也都要看。中华民族 5000 多年文明史，中国人民近代以来 180 多年斗争史，中国共产党 100 多年奋斗史，中华人民共和国 70 多年发展史，改革开放 40 多年探索史，这些历史一脉相承，不可割裂。脱离了中国的历史，脱离了中国的文化，脱离了中国人的精神世界，脱离了当代中国的深刻变革，是难以正确认识中国的。

习近平同志在纪念中央革命根据地暨中华苏维埃共和国成立 80 周年座谈会讲话时指出，中华苏维埃共和国是中国历史上第一个全国性的工农民主政权，是我们党在局部执政的重要尝试。它的建立，为我们党在抗日战争和解放战争时期的根据地建设以及新中国的政权建设，提供了宝贵历史经验。2019 年 5 月，习近平总书记在江西考察时指出，井冈山精神和苏区精神，承载着中国共产党人的初心和使命，铸就了中国共产党的伟大革命精神。这些伟大革命精神跨越时空、永不过时，是砥砺我们不忘初心、牢记使命的不竭精神动力。

中华苏维埃代表大会制度的建立和发展，在我国人民代表大会制度建设史上具有重要的地位和意义。以毛泽东同志为主要代表的中国共产党人，坚持把马克思主义同中国实际相结合，经过长期的艰苦探索，使人民代表大会制度不断得到巩固和发展。历史充分证明，在我国实行人民代表大会制度是中国共产党带领全国各族人民长期奋斗的重要成果，是近代以来中国社会发展的必然选择。

今天我们终于知道了: 只有了解一个国家从哪里来, 才能弄懂这个国家今天怎么会是这样而不是那样, 也才能搞清楚这个国家未来会往哪里去和不会往哪里去。

七、红都瑞金的生命在首都北京不断延伸

瑞金和北京, 一个历史上的红都, 一个是今天的首都, 正是这个"都"城的地位, 形成了她们之间的特殊关系, 牵出了她们的千里情缘。从今日的北京城, 人们仍然可以看到昔日瑞金的影子。

（一）瑞金的中央政府大礼堂是北京的人民大会堂的前身

在红色故都江西瑞金的沙洲坝老茶亭村, 一片参天古樟树林中, 屹立着一栋造型"红军八角帽"、中西合璧、楼上楼下可容纳 2000 多人的建筑, 这里就是中华苏维埃共和国临时中央政府大礼堂旧址。1934 年 1 月 21 日, 中华苏维埃共和国第二次全国代表大会在此召开, 通过了宪法大纲及各项法令; 选举了新的中央执行委员会; 诞生了国徽、国旗、军旗。大礼堂见证了中华苏维埃共和国达到鼎盛时期, 民主政治制度得到空前发展; 见证了中国共产党领导和管理的第一个工农

中华苏维埃共和国临时中央政府大礼堂旧址

民主专政新型国家政权形式之伟大尝试。人们把它称作北京人民大会堂的前身。

1933年6月8日，中华苏维埃共和国中央执行委员会作出关于召开第二次全国苏维埃代表大会的决议，并决定筹建中央政府大礼堂、红军烈士纪念塔等建筑，由梁柏台任工程处主任，钱壮飞担任工程设计，总务厅主任袁福钦负责工程的施工指挥，黄亚光负责绘图与写字，并在江西、福建选调了400多名建筑工人，而工会组织则全力以赴组织原材料和生活用品的供应，仅用4个月，一座凝结着苏区人民智慧和汗水的中央政府大礼堂拔地而起。大礼堂有三个特点：一是视线非常好，在楼上、楼下每个角度都可以看到主席台；二是大礼堂的回音效果很好，在主席台讲话不用麦克风大家也可以听得清楚；三是门窗特别多，大礼堂四周共有17道双合扇大门，每个出入门旁和楼上设有百叶窗，共 41 扇，便于人员疏散、通风和采光。大礼堂后侧修建有可容纳 2000 多人的防空洞，预防敌人偷袭，保证参会人员的安全。如今，中华苏维埃共和国临时中央政府大礼堂是国家重点文物保护单位。

人民大会堂是全国人民代表大会开会地和全国人民代表大会常务委员会的办公场所，是党、国家和各人民团体举行政治活动和重大集会的重要场所，也是党和国家领导人和人民群众举行政治、外交、文化活动的场所。每年举行的全国人民代表大会、中国人民政治协商会议以及五年一届的中国共产党全国代表大会都在人民大会堂召开。

为庆祝中华人民共和国成立 10 周年，中国共产党、中央人民政府、国务院决定兴建人民大会堂等 10 大建筑，展现 1949 至 1959 年 10 年来的建设成就。

天安门广场、人民大会堂、人民英雄纪念碑

人民大会堂于 1958 年 10 月动工，1959 年 9 月建成，仅用了 10 个多月的时间就建成，创造了中国建筑史上的一大创举。

人民大会堂壮观巍峨，建筑平面呈"山"字形，两翼略低，中部稍高，四面开门。外表为浅黄色花岗岩，上有黄绿相间的琉璃瓦屋檐，下有 5 米高的花岗岩基座，周围环列有 134 根高大的圆形廊柱。人民大会堂正门面对天安门广场，正门门额上镶嵌着中华人民共和国国徽，正门迎面有 12 根浅灰色大理石门柱，正门柱直径 2 米，高 25 米。四面门前有 5 米高的花岗岩台阶。人民大会堂建筑风格庄严雄伟，壮丽典雅，富有民族特色，以及四周层次分明的建筑，构成了一幅天安门广场整体的庄严绚丽的图画。内部设施齐全，有声、光、温控制和自动消防报警、灭火等现代化设施。

人民大会堂建筑主要由 3 部分组成：进门便是简洁典雅的中央大厅。厅后是宽达 76 米、深 60 米的万人大会堂；大会场北翼是有 5000 个席位的大宴会厅；南翼是全国人大常务委员会办公楼。大会堂内还有以全国各省、区、市名称命名、富有地方特色的厅堂。

这里还应当关注到坐落在延安杨家岭的"中央大礼堂"。具有伟大历史意义的中国共产党第七次全国代表大会，于 1945 年 4 月 23 日—6 月 11 日在这里召开。从此，杨家岭中央大礼堂就成为中国共产党建党史上一座历史性的标志。

三座大礼堂大会堂都是党和国家重要会议场所，见证着人民当家作主、民主政治制度、重大政策法规的诞生和实施，是全国人民心中的殿堂、党和国家的象征。

（二）人民英雄纪念碑连着瑞金的红军烈士纪念塔

1949 年 9 月，中国人民政治协商会议第一届全体会议作出决定：在天安门广场建立一座人民英雄纪念碑。30 日下午 6 时，全体代表来到天安门广场，为死难英雄默哀之后，毛泽东宣读亲自起草的纪念碑文："30 年来，在人民解放战争和人民革命中牺牲的人民英雄们永垂不朽！由此上溯到 1840 年，从那时起，为了反对内外敌人，争取民族独立和人民自由幸福，在历次斗争中牺牲的人民英雄们永垂不朽！"随后，毛泽东执锹铲下第一锹土，为人民英雄纪念碑奠基。

为革命烈士建碑的规矩源于瑞金，我们可以看到一座同样的建筑物，不过，它不叫纪念碑，而叫纪念塔。1933 年 7 月 11 日，毛泽东主持中华苏维埃共和国临时中央政府人民委员会会议，决定修建瑞金红军烈士纪念塔，以纪念死难的红军烈士。塔址选在叶坪村屋背大坪。

红军烈士纪念塔塔基呈五角星形，周围镶嵌着 10 块红色石碑，上面镌刻着毛泽东、朱德、周恩来、博古、张闻天、项英、凯丰、邓发、王稼祥等 9 位领导人的题词和建塔碑志。

红军烈士纪念塔正面台阶右侧是毛泽东的题词：在反对

帝国主义与土地革命的伟大战斗中，许多同志光荣的牺牲了！这些同志牺牲，表现了无产阶级不可战胜的英勇，奠定了中华苏维埃共和国的基础。全中国工农劳苦群众，正在踏着这些同志的血迹前进，推翻帝国主义国民党的统治，争取苏维埃在全中国的胜利。

左侧是建塔碑志，上面刻着：第二次全国苏维埃代表大会准备委员会建立，1933 年 8 月 1 日兴工，1934 年 1 月 31 日落成。

纪念塔和纪念碑都是表彰红军和人民英雄千古不朽的功勋，表达全国人民对革命先烈的敬仰和缅怀。这在两座纪念建筑物上的意义是一致的，它在人民心中就是敬仰和缅怀，是一座崇高而伟大的丰碑。

（三）"八一"建军节连着人民解放军和工农红军

新中国成立后，每年的 8 月 1 日，党政军民都要举行纪念活动，纪念中国人民解放军建军节。而这一节日正是在瑞金确立的。

1933 年初夏，博古、张闻天等领导人多次在形势报告会上提到 1914 年 8 月 1 日爆发的第一次世界大战。全球 3/4 的人被卷入战争的漩涡，近 1000 万人葬身于战火之中。为防止和延迟第二次世界大战的爆发，苏联号召全世界爱好和平的人民动员起来，反对帝国主义新的战争，并确定每年的 8

红军烈士纪念塔

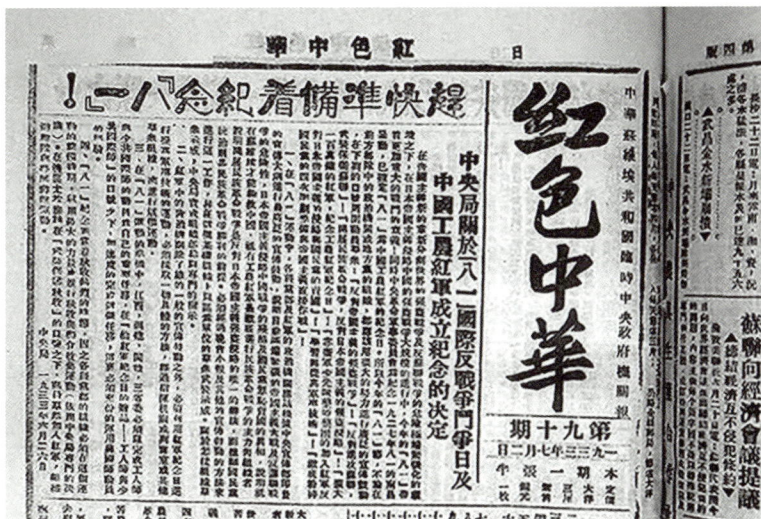

《红色中华》报刊发《中央局关于"八一"国际反战争斗争日及中国工农红军成立纪念的决定》

月1日为"国际反战争斗争日"。毛泽东也多次发表演讲，把"八一"南昌起义与"国际反战争斗争日"联系起来。为了纪念这个日子，1933年6月26日，中共苏区中央局作出《关于"八一"国际反战争斗争日及中国工农红军成立纪念的决定》。6月30日，中央革命军事委员会发布命令，以8月1日为建军节。命令指出：1927年8月1日发生了无产阶级政党——共产党领导的南昌暴动，这一暴动是反帝的土地革命的开始，是英勇的工农红军的来源。中国工农红军在历年的艰苦战争中，打破了帝国主义国民党的历次进攻，根本动摇了帝国主义国民党在中国的统治，已成为革命高涨的基本杠杆之一，成为中国劳苦群众革命斗争的组织者，是彻底进行民族革命的主力。本委会为纪念南昌暴动与红军的成立，特决定自 1933 年起每年 8 月 1 日为中国工农红军成立纪念日。

7 月 11 日，临时中央政府主席毛泽东和副主席项英、张国焘代表中央政府联名作出《关于"八一"纪念运动的决议》："批准中央革命军事委员会的建议，规定以每年'八一'为中国工农红军纪念日。并于今年'八一'纪念节授予战旗于红军的各团，同时授予奖章于领导南昌暴动的负责同志及红军中有特殊功勋的指挥员和战斗员。"

从此，"八一"成为人民军队的节日。

（四）两场"开国大典"，震惊中外

在瑞金和北京举行的两场"开国大典"，都是在毛泽东主持领导下进行的。人们印象更深的是 1949 年 10 月 1 日的中华人民共和国成立时举行的开国大典，毛主席在北京天安门城楼上宣告中华人民共和国、中央人民政府成立了。

中华人民共和国的成立开辟了中国历史新纪元。从此，中国结束了 100 多年来被侵略、被奴役的屈辱历史，真正成为独立自主的国家。中国人民从此站起来了，成为国家的主人。新中国的成立，壮大了世界和平、民主和社会主义的力量，鼓舞了世界被压迫民族和被压迫人民争取解放的斗争。

而在 1931 年 11 月 7 日，发生了一件震惊中外的大事——在江西瑞金的一片小树林中，诞生了一个共和国！有人把这个共和国叫"山坳里的中国"；还有人叫它为"山林里的国家"；更多的人则称之为"红色中华""赤色中国"，并举行了一场"开国大典"。

经过近两年时间的准备，中华苏维埃共和国"开国大典"的庄严日子选在十月革命的纪念日，这一天中华苏维埃共和国临时中央政府在瑞金宣告成立。凌晨时分，启明星还挂在西天，从瑞金县城和长汀县城赶来的数千名群众，就已手持通明的火把，脸上挂满幸福的泪花，涌进了瑞金县城东郊叶坪村的"开国大典"会场。

叶坪，这个离瑞金县城6公里的大村庄，有着高大挺拔的樟树、苍翠欲滴的竹林、绿林掩映的农舍，迎风招展的彩旗，把它装扮得分外秀美。中华苏维埃共和国"开国大典"的阅兵典礼在这里进行。在阅兵的广场上，布置了一个庄严肃穆的检阅台。检阅台的正中横梁上，悬挂着一幅巨大的红布标语，上面书写着："第一次全国苏维埃代表大会检阅台"。后幕上悬挂着马克思、列宁的画像，两边竖立着鲜艳的中国工农红军军旗，它们在晨风中招展着。参加检阅的部队单位有：红一方面军各军团、军的代表队，红军随营学校、警卫部队代表队，闽赣两省附近各县的赤卫军和模范少先队的代表队……

早晨6时半，毛泽东、朱德、项英、任弼时、顾作霖、周以栗、林彪进入广场。顿时，广场内外，数千人欢呼雀跃，掌声雷动。

朱德，是开国大典的执行主席。他操着一口浓重的四川口音大声宣布：中央政府，今天正式成立了！

还未等朱德的声音落下，广场立即响起了一片欢呼声。苏区群众挥动彩旗，从白发苍苍的老人，到满脸稚气的儿童，都不约而同地欢呼起来。这欢呼声和着轰鸣的鞭炮声、震天的锣鼓声，以及雄壮的军号声，在一片欢呼声中，毛泽东指挥升旗。五面红旗在广场中央迎着朝阳冉冉升起。7时整，阅兵式正式开始。

此时，一队队英姿勃发的红军战士，身穿整齐的灰布军装，扛着上了刺刀的钢枪，抬着钢炮走来了，一列列精神抖擞的赤卫队和少先队，身着列宁装，颈挂红飘带，手持大刀，肩扛梭镖走来了！在雄壮的军乐声中，受检阅的指战员们，迈着刚劲有力的步伐，分四路纵队，由南向北，健步行进，向毛泽东、朱德等领导人行注目礼。毛泽东、朱德等在红军总参谋长叶剑英的陪同下，骑马检阅了部队。毛泽东、朱德等面带笑容，庄重地向劳苦大众自己的军队频频招手致意。一声声"红军万岁""苏维埃万岁""共产党万岁"的口号声震撼大地。

阅兵式结束，各路代表队有秩序地退出广场，回到驻地。随后，"一苏大会"正式开会。当天晚上，人民群众还举行了提灯晚会，庆祝"一苏大会"召开，庆祝中华苏维埃共和国临时中央政府在瑞金宣告成立。

为防国民党飞机的轰炸，"开国大典"的阅兵典礼在黎明时举行。这里还有一段真实故事。

阅兵典礼圆满结束。人们按预定方案，迅速疏散，检阅台也披上了防空伪装。大约 8 时许一阵闷雷似的隆隆声从北方天空滚过来，几架涂着青天白日标志的国民党空军轰炸机，朝瑞金县城低空飞来。国民党南昌行营命令他们轰炸"共匪""一苏大会"会场。敌飞行员瞪大眼睛，向下搜索目标。城内城外，街道村庄，田野树林，空旷无人，毫无动静。敌飞行员不甘心，翅膀一抖，一颗颗炸弹盲目地朝下扔去。霎

红军检阅台

173

1931 年 11 月 7 日，人民群众在瑞金叶坪村举行的"开国大典"

时，瑞金县城及附近郊区炸弹轰鸣，火光冲天，100 余栋民房被毁，数十名无辜居民倒在血泊中。敌机狂轰滥炸一阵之后，又朝福建长汀县城飞去。设在长汀城郊的"一苏大会"假会场，被数十颗敌机炸弹炸成一片火海。敌机飞来时，毛泽东、朱德、项英、任弼时等人，迅速躲进了中央局旁古樟树下的防空洞。毛泽东拍拍身上的泥土，风趣地说："蒋介石还真够朋友，知道我们今天开大会，派飞机给我们鸣礼炮来了！"人们会意，纵情欢笑起来。

"一苏大会"开幕式在谢氏宗祠大厅里进行，出席大会的代表们胸佩红布制作的红五星代表证，端坐在长条木凳上。

毛泽东、项英、任弼时、朱德、周以栗、曾山、陈正人、张鼎丞、邓广仁等大会主席团成员，全部在主席台就座。大会执行主席项英庄严宣布大会开始。会场内外顿时沸腾起来，土炮轰鸣，喜炮齐放，锣鼓声、唢呐声、口号声和掌声交汇一起，震天动地。

18 年后的 1949 年 6 月，中国人民政治协商会议筹备会议决定，1949 年 10 月 1 日在北平天安门广场举行"开国大典"。10 月 1 日下午 3 时，大地欢声雷动。刚刚就职的中华人民共和国中央人民政府主席毛泽东登上了天安门城楼。当林伯渠宣布开始后，在代国歌《义勇军进行曲》的乐曲声中，中央人民政府主席、副主席和委员就位。人民领袖毛泽东庄严宣布："同胞们，中华人民共和国中央人民政府今天成立了！"

毛泽东亲手按动电钮，第一面五星红旗在天安门广场上冉冉升起。与此同时，代表参加中国人民政治协商会议第一届全体会议的共 54 个单位的 54 门礼炮齐鸣 28 响。

升旗之后，毛泽东宣读了《中华人民共和国中央人民政府公告》，紧接着举行了规模浩大的阅兵式和群众游行。庆祝活动到当天晚上 9 点多钟结束。

1949 年 10 月 1 日在北京天安门广场举行开国大典，比18 年前瑞金叶坪的开国大典更隆重、更辉煌！伟大的正在腾飞的中华人民共和国，今天成了东方大国、"东方巨人"！

（五）中华人民共和国连着中华苏维埃共和国

1949 年 9 月，第一届全国政治协商会议通过的《中国人民政治协商会议共同纲领》宣告："中华人民共和国为新民主主义即人民民主主义的国家，实行工人阶级领导的，以工农联盟为基础的、团结各民主阶级和国内各民族的人民民主专政，反对帝国主义、封建主义和官僚资本主义，为中国的独立、民主、和平和富强而奋斗。"

这正是中华苏维埃共和国的奋斗目标。1931 年 11 月，中华工农兵苏维埃第一次全国代表大会通过的《中华苏维埃宪法大纲》这样规定，中华苏维埃共和国是"工人和农民的民主专政国家"。它的任务是在中国共产党的领导下，用革命武装推翻帝国主义和封建主义在中国的统治，争取"苏维埃区域工农民主专政的政权达到他在全中国的胜利"。中华人民共和国就是这个政权奋斗的结果！

作为红都，瑞金承担了都城的一切职能。

"一苏大会"以后，瑞金成了党、政、军、群中央首脑机关所在地，临时中央政府各部、中革军委、中共临时中央政治局、中华全国总工会执行委员会、少共中央局等，或陆续由上海等地迁来瑞金，或在瑞金成立。这里是全局性会议、活动的中心，苏区共青团第一次代表大会、全国苏区少先队代表大会、中国第一次农业工人代表大会、临时中央政府春耕生产运动赠旗大会、中央苏区第一次体育大会、八县查田运动大会、南部 17 县经济建设大会、苏维埃文化教育大会、中共六届五中全会、"二苏大会"、工农红军全国政治会议以及八一阅兵式等，都在这里举行。

瑞金还有自己的银行——国家银行，有邮局——邮政总局，有工厂——中央印刷厂、被服厂、造币厂，有医院——红色医院，有报社——红色中华报社、红星报社、健康报社……有大学——苏维埃大学、马克思共产主义大学、红军大学，有剧团——工农剧社，还有中央革命博物馆、图书馆、中央出版局、中央印刷局，还有中央消费合作总社、赤色体育运动委员会等等。新中国成立后的大多数中央机构都在瑞金奠基起源。

尤其令世人震惊的是，这里走出了新中国的一批主要领导骨干，毛泽东、周恩来、朱德、刘少奇、任弼时、陈云、邓小平、董必武、林伯渠、张闻天、王稼祥、叶剑英、胡耀邦、杨尚昆等都是从这里走出去的；还走出了朱德、彭德怀、林彪、刘伯承、贺龙、陈毅、罗荣桓、聂荣臻、叶剑英等 10 大元帅中的 9 位，走出了粟裕、张云逸、萧劲光、罗瑞卿、黄克诚、陈赓、谭政等 10 位大将中的 7 位。最为重要的是，毛泽东这个中华苏维埃共和国的主席，在第一届全国政协会议上，又被选为中华人民共和国主席，从而成为瑞金、北京两个时代共和国的缔造者。

瑞金，这个新中国的摇篮，它孕育了新中国的国家制度，也孕育了新中国的治党治国治军人才！

（六）瑞金和北京相似的东西太多太多

今天北京天安门广场的布局，与当年瑞金叶坪红军广场的布局何其相似：叶坪红军广场的红军检阅台，相当于天安门城楼；红军检阅台正对面建有红军烈士纪念塔，而天安门城楼正对面是高耸的人民英雄纪念碑；红军广场四周有"一苏大会"会场、"公略亭"、"博生堡"，天安门广场四周则有人民大会堂、革命历史博物馆和毛主席纪念堂；红军检阅台后边有中共中央苏区局、中华苏维埃共和国中央人民政府机关和当年毛泽东、周恩来、朱德等领导人的旧居，而天安门城楼右侧是党和国家领导人办公居住的中南海。

红都瑞金，这里不仅是中华苏维埃共和国的首都，中国革命的圣地，中华人民共和国的摇篮，作为第一个红都，瑞金担负了特殊的历史重任，还创造了许多中国共产党执政诸多"第一"：

第一个全国性的红色政权在这里创建。作为革命根据地，瑞金不是最早的，在它之先已经响起了井冈山的惊雷，但作为全国红色政权的中心，瑞金却是当之无愧的"红都"。自从第一次全国苏维埃代表大会决定在这里建都之后，瑞金改名为"瑞京"，并担负起首都的各项职能。

中华全国总工会执行委员会、少共中央局等，或陆续由上海迁来瑞金，或在瑞金成立。这里是全局性会议、活动的中心，红色的电波从这里发往全国，传播世界。新中国成立后的大多数中央机构，都可以在瑞金找到它的"根基"，寻到它们的"童年"。目前，已有62个中央和国家机关到瑞金追根溯源，赓续红色血脉，修复了革命旧址并建立爱国主义教育基地。

第一部红色宪法在这里确立。第二次全国苏维埃代表大会通过的《中华苏维埃共和国宪法大纲》，用根本大法的形式结束了少数人统治和剥削多数人的历史，开创了中华历史上的红色法统。

这里是第一个全国性新民主主义经济建设的实验地。农村的建设、工厂的管理、商业的组织，都按自己的设计在这里进行着各项实验。

这里是第一个全国性新民主主义文化建设的演习场。红色报刊、红色学堂、红色剧社纷纷演绎着工农群众自己的故事，共产主义思想体系的精神文明在这里得到预演。

这些"第一"，旷世经典，威武雄壮。尽管还有的留下某些遗憾，但它毕竟是共产党人和人民群众的执着和热情，勇敢而无畏的探索，代表着历史前进的方向，造就了宝贵的红色历史文化遗产和精神财富。红都瑞金因为有了这些"第一"，而有了在中国共产党史、中国革命史和新中国史上开天辟地、举足轻重、伟业奠基的地位。

中央革命根据地历史博物馆

　　这里还是举世闻名的二万五千里长征的起点。长征精神在这里孕育、萌芽，并走向遵义、走向延安，走向西柏坡，走向北京，走向全国。

　　中国共产党经过遵义会议这个伟大转折，毛泽东终于在遵义会议上得到了全党的认可，从此，他领导中国革命，从胜利走向新的胜利。

　　苏维埃共和国随着大转移的队伍，在马背上从瑞金驮到了遵义。"左"倾错误瞎指挥，突围转移的队伍由出发时的87000人，锐减至不到30000人。苏维埃共和国面临着覆灭的危险。

　　毛泽东和王稼祥、张闻天等带头向"左"的路线作斗争，毅然支持毛泽东的正确领导。毛泽东对党和红军的正确领导终于得到确立。红军得救了！苏维埃共和国得救了！毛泽东、周恩来等指挥红军四渡赤水，抢渡金沙江，翻越大雪山，走出大草地，征战两万五千里，胜利到达陕北。

1935年11月，中华苏维埃共和国中央执行委员会和中央人民委员会大印也由中华苏维埃共和国中央政府秘书长兼中央政府机关党总支部书记的谢觉哉背到了陕北，中华苏维埃共和国中央政府驻西北办事处宣告成立。苏维埃运动在中国的大西北又蓬勃发展起来。苏维埃的前途又展现出光明的前景。

日寇入侵，民族危亡。为拯救中华民族，为实现团结抗日救国，1936年8月毅然宣布放弃过去的工农民主共和国的口号，将中华苏维埃共和国中央政府驻西北办事处改为国民政府陕甘宁特区政府。可贵的是，以毛泽东同志为主要代表的中国共产党人为工农大众求解放、谋利益的宗旨没有变，为中华民族独立、解放、民主、富强而奋斗的目标没有变！14年抗日战争，中国人民打败了日本侵略者。4年解放战争，中国人民推翻了蒋家王朝，建立了新中国。

瑞金的道路在不断延伸，红都的事业在继续发展。从瑞金到延安，再从延安到北京，我们都可以看到瑞金的身影。瑞金就像一位伟大的母亲，孕育着未来，繁衍着希望……

关于瑞金，人们有各种各样的评说：

有人说，瑞金是一幅功力深厚的画，需要我们静静地品味；

也有人说，瑞金是一曲格调高雅的歌，需要我们慢慢地吟唱；

还有人说，瑞金是一首感情丰富的诗，需要我们琅琅地朗读；

这就是红都瑞金留给我们宝贵的历史文化遗产，需要我们不断地传承。

从瑞金到北京：红都的生命在首都不断延伸；一个永不磨灭显耀辉煌的时代开始！

八、伟大梦想从瑞金开始

人有梦想才有动力，国家和军队有梦想才有未来。梦想就是追求，梦想就是信仰。梦想不灭，希望永在。习近平总书记指出，"实现中华民族伟大复兴，就是中华民族近代以来最伟大的梦想"。我们认为，中国共产党执掌中国政权的伟大梦想，是从瑞金开始的。中国共产党建立新中国前的风雨历程可以用"四梦"概括——"梦想在瑞金""追梦走长征""寻梦在延安""圆梦在北京"。中国共产党人于 1931 年 11 月在瑞金召开"一苏大会"，宣告中华苏维埃共和国临时中央政府在瑞金诞生，开启了梦想在瑞金历程；到经历千难万险的长征中坚定的追梦征程；再到达延安后的 13 年艰苦卓绝的寻梦历程；最后到 1949 年 10 月 1 日，中华人民共和国开国大典的圆梦北京。

（一）梦想在瑞金

1931 年 11 月 7 日至 20 日，中华苏维埃第一次全国代表大会在瑞金叶坪隆重召开。从全国各地来的610名代表，历尽千辛万苦，突破敌人一道道封锁线赶赴瑞金，实现了第一个伟大梦想，成立劳苦大众的民主政权——中华苏维埃共和国临时中央政府。这是中国共产党人为实现建立自己的工农民主政权、实现中华民族伟大复兴的初心，也是红都瑞金的核心价值与历史文化遗产价值所在。梦想在瑞金留下了许多可歌可泣的动人故事，开启了中国共产党治国理政伟大预演。

11月27日，毛泽东在中华苏维埃共和国中央执行委员会第一次会议上，当选为中央执行委员会和人民委员会主席，项英、张国焘（未到职）任副主席。同时，会议产生了中央政府的各部部长（时称人民委员）。12月1日，中央执行委员会发布第一号《布告》，庄严宣布中华苏维埃共和国成立和中央人民政府成立，决定中华苏维埃共和国临时中央政府设在江西瑞金（改名"瑞京"）。于是，瑞金成为中华苏维埃共和国的首都，即后来的"红色故都"，成为全国苏维埃运动的心脏和枢纽，成为中华人民共和国的摇篮。

中国共产党为了创建苏维埃政权实现"中国

中华苏维埃共和国国徽

梦"牺牲了数百万优秀党员，中华民族牺牲了上千万英雄儿女，英烈们的鲜血染红了五星红旗。对于这段历史、对于为这段历史而献身的先烈，我们要永远铭记。

（二）追梦走长征

1934年10月，第五次反"围剿"失败后，中央主力红军为了摆脱国民党军队的包围追击，被迫实行战略大转移，退出中央根据地，在遵义会议确立毛泽东领导地位，经历这个伟大转折，进行了千难万险的二万五千里长征，是一次历尽艰辛的追梦征程。

长征是人类历史上的伟大奇迹。中央红军共进行了380余次战斗，攻占700多座县城，红军牺牲营以上干部多达430人，平均年龄不到30岁，共击溃国民党军数百个团。其间，共经过11个省，翻越18

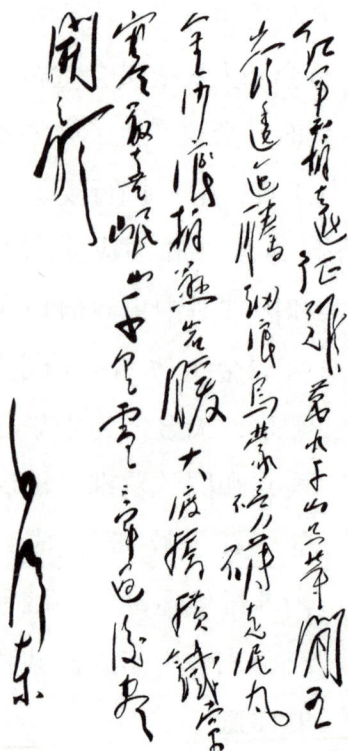

毛泽东手迹《七律·长征》

座大山，跨过24条大河，走过荒草地，翻过雪山，行程约二万五千里，于1935年10月到达陕北，与陕北红军领胜利会师。红军三大主力先后到达吴起镇、会宁会师，宣告红军长征胜利结束。

（三）寻梦在延安

革命圣地延安，既是红军长征胜利的落脚点，也是建立抗日民族统一战线，赢得抗日战争胜利，进而夺取全国胜利的解放战争的出发点。从1935年至1948年，毛泽东等老一辈无产阶级革命家在这里生活和战斗了13个春秋。他们运筹帷幄，决胜千里，领导和指挥了中国的抗日战争和解放战争，奠定了中华人民共和国的坚固基石，培育了永放光芒的"延安精神"，

中国共产党第七次全国代表大会旧址（延安）

谱写了伟大的历史篇章，是一段可歌可泣的寻梦历程。

（四）圆梦到北京

1949 年 10 月 1 日，北京 30 万群众齐集天安门广场，举行隆重的开国大典。毛泽东主席在天安门城楼上向全世界庄严宣告：中华人民共和国中央人民政府今天成立了！中华人民共和国成立后，中国共产党成为全国范围的执政党，实现了在瑞金确立的工农民主政权梦想，开始了建设社会主义新中国的征程。

新中国的成立开辟中国历史新纪元。中国结束了 100 多年来被侵略、被奴役的屈辱历史，真正成为独立自主的国家；中国人民从此站起来了，成为国家的主人，是中国近现代史结束的标志。中国共产党人在瑞金创建新中国的梦想，到新中国建立，伟大梦想终于实现！

中华苏维埃共和国历史，是中国共产党在极其困难环境

北京天安门

中艰苦奋斗、勇敢探索、开拓前进的历史，是取得巨大成就、积累宝贵经验的光辉历史。

历史是最好的教科书，也是最好的清醒剂。"今天，我们比历史上任何时期都更接近、更有信心和能力实现中华民族伟大复兴的目标"。更加需要我们以史为鉴、以史为师、以史为镜，从而更好认识过去、把握当下、面向未来。

后　记

本书的写作是一个不断深化认识的过程。2012 年，江西省文化遗产影像学会成立，我担任常务副会长兼秘书长。2014 年 8 月，文物出版社出版发行《仙人洞与吊桶环》遗址考古报告。此后，我撰写了《万年文明的曙光——〈仙人洞与吊桶环〉遗址考古报告解读》一文，得到许多专家学者和朋友的赞许。2019 年，江西省文化遗产影像学会策划和主办了"从红都到首都——人民共和国'寻根'研讨会"，我撰写了《一个政党与一个政权的建立——红都瑞金的历史文化遗产价值》一文，受到广泛好评。这年，习近平总书记号召全党"要从瑞金开始追根溯源，深刻认识红色政权来之不易、新中国来之不易、中国特色社会主义来之不易"。为在 2021 年庆祝中国共产党成立 100 周年，落实习近平总书记重要指示，我又策划和牵头编写了《人民共和国追根溯源——从瑞金开始》一书。在这期间，我还在对万年仙人洞与吊桶环遗址的伟大考古成果组织人员撰写电视纪录片的脚本及拍摄制作等事宜。在不断地工作和思索的过程中，站在全世界和全中国历史文化遗产的视角审视"万年"文明和百年红都风云，这两件大事都在全世界全中国具有重大影响和重要历史文化遗产价值，有了对历史文化遗产的研究和新的思考。把这些对全世界有重大影响的历史文化遗产以万年时空、千年时空、百年时空的视角来研究，于是有了穿越时空万年千年百年，影响世界的三大历史文化遗产在江西写作的构想。为此，我又着手撰写《千年瓷都——景德镇在世界历史文化遗产中产生的影响和价值》一文，至此形成了本书的基本框架，有了出版《万年　千年　百年：三大历史文化遗产世界价值》一书的思考。一是落实习近平总书记"把中国文明历史研究引向深入"；"认识中华文明起源和发展的历史脉络，认识中华文明取得的灿烂成就，认识中华文明对人类文明的重大贡献，不断增强民族凝聚力、民族自豪感"；"建好景德镇国家陶瓷文化传承创新试验区，打造对外文化交流新平台"和"要从瑞金开始追根溯源，深刻认识红色政权来之不易"；以及"文明是劳动和智慧的结晶"等重要论述和一系列有关历史文化遗产的重要指示精神；二是以万年千年百年时空的视角认识三大历史文化遗产的世界价值、意义、影响和地位；三是帮助人们增进对人类文明进程的了解和认识；四是有助于提升读者对中国历史文化遗产高度、深度和厚度的认识，尤其是对"物华天宝，人杰地灵"江西的认识；五是学习贯彻党的二十大精神的具体举措，有助于增强中华文明传播力影响力，深化文明交流互鉴，推动中华文化更好走向世界，彰显中国人的文化自觉和文化自信。

本书初稿完成后印了几本样稿在朋友圈征求意见，反响良好，建议找个权威出版社出版。在人民出版社总编室原主任张振明的热情支持下，本书在人民出版社立项，张主任对书稿提出了许多宝贵又专业的修改意见；编辑吴广庆认真负责地进行了两次审改，在内容导向上进行了专业审核把关；本书责任编辑刘志江认真负责，对书稿进行了三轮认真审看，提出了许多专业的修改意见，同时精心组织编辑校对，使本书高质量如期出版发行。在此致以诚挚的谢意！

江西省文化遗产影像学会会长　廖国良

2023 年 5 月